"사고 싶다"를 만드는 20가지 마케팅 기술

잘 팔리는 제품에는 공통된 전략이 있다

URETE IRU KAISHA NI KYOTSU SURU KORE KAITAI! WO TSUKURU 20 NO GIJUTSU
by hakuhodo kaimono kenkyujo

Copyright ⓒ hakuhodo kaimono kenkyujo 2025
All rights reserved.
Original Japanese edition published by Wani Books Co., Ltd.
Korean translation rights ⓒ 2025 by HanulMPlus Inc.

This Korean edition is published by arrangement with Wani Books Co., Ltd, Tokyo
in care of Tuttle-Mori Agency, Inc., Tokyo, through AMO AGENCY, Korea.

이 책의 한국어판 저작권은 AMO에이전시를 통해 저작권자와 독점 계약한 한울엠플러스㈜에 있습니다.
저작권법에 의해 보호를 받는 저작물이므로 무단 전재와 무단 복제를 금합니다.

売れている会社に共通する
これ買いたい！をつくる
20の技術

"사고 싶다"를 만드는 20가지 마케팅 기술

博報堂買物研究所
하쿠호도쇼핑연구소 지음

(주)애드리치 마케팅전략연구소 옮김

잘
팔리는
제품에는
공통된
전략이
있다

발간사

광고는 팔기 위한 기술일까요, 설득의 언어일까요?
20년 동안 애드리치는 그 질문을 놓지 않았습니다.
그리고 이제, 우리의 철학을 관통하는 답 하나를 담아
스무 번째 책으로 세상에 내놓습니다.

이 책은 단순한 기술서가 아닙니다.
사람이 '왜 좋아하면서 사지 않는지',
'어떤 순간에 지갑을 여는지'를 파고든 연구입니다.

팬이 굿즈를 사는 건 단순한 소비가 아닙니다.
응원의 언어입니다.
한정판 앞에서 밤을 지새우는 이유는 욕망이 아니라
놓치고 싶지 않다는 마음의 방어입니다.
구매는 언제나 마음의 언어로 쓰입니다.

그리고 광고는 그 언어를 번역하는 일입니다.
이 책은 그 번역을 위한 스무 개의 도구를 건네줍니다.
도구는 충분합니다. 중요한 건 우리가 어떻게 쓰느냐입니다.

AI, 데이터, 트렌드, 모두 중요합니다.
그러나 중심은 늘 하나의 질문으로 돌아옵니다.
"사람은 왜 지갑을 여는가?"
그 질문 앞에서 광고는, 그리고 우리는, 다시 겸허해집니다.

We sell, or else.
팔리는 광고가 좋은 광고.

저는 이 책이 애드리치의 정신과 맞닿아 있다고 믿습니다.
애드리치는 광고회사가 아니라, 사람을 이해하려는 실험실입니다.
그 실험에서 얻은 언어와 이미지는 마음을 움직이고,
그 마음은 결국 "사고 싶게" 되는 지점까지 나아갑니다.

이 책이 여러분의 현장에서 통찰이 되고, 실험이 되고, 곧 실행이 되길 바랍니다.

애드리치 대표이사
은명희

"상품 출시 전 소비자 조사에서는 좋은 평을 받았는데,
의외로 팔리지 않는다."

"이 브랜드나 상품을 좋아한다는 사람은 많은데,
매출은 자꾸만 떨어진다."

이런 고민을 하고 있지는 않습니까?

과거에는 상품의 가치를 타깃에 맞는 커뮤니케이션을 통해 전달하고,
그들에게 '선호'하는 마음이 지속적으로 축적되게 하면
구입으로 이어졌습니다.

그런데 지금은 각 기업들의 노력으로 좋은 상품이 많아져
실질적인 차별화가 어렵습니다.

또한 다양화 시대에 맞춰 다양한 상품들이 쏟아져 나오면서
어느 시장이든 포화 상태라는 이야기를 자주 듣습니다.

<u>그래서 상품의 가치를 전하고 '선호'하는 마음을 가지게 하는 것만으로는,
좀처럼 구매까지 이어지기가 쉽지 않게 되었습니다.</u>

지금 소비시장에서는 "좋아하지만 사지는 않는다"는
현상이 일어나고 있습니다.

우리는 그 이유에 대해 소비자들에게 물어보았지만,
명확한 답을 들을 수는 없었습니다.

그도 그럴 것이 원래 구매는 '지름신 강림', '그냥'이라는
순간의 기분으로 정보가 취사 선택되고, 구매한 본인도 말로 표현하기
어려운 직감적 행동의 연속이라고 할 수 있습니다.

왜 그 정보가 궁금했을까?
왜 입소문에 끌렸을까?
왜 그 매장에서 샀을까?

이런 질문에 대한 답을 정확하게 파악하기란 쉽지 않습니다.

소비자가 특정 상품을 사고 싶다고 생각하는 때는 언제일까?

하쿠호도쇼핑연구소에서는 이 점에 집중해서 연구했습니다.

소비자는 구매에 이르기까지
구매 후기를 살펴보고
매장을 찾아 실제로 상품을 보고
직원에게 설명을 듣고
상품과 관련된 동영상을 보는 등
많은 과정을 거칩니다.

소비자는 원하는 상품을 실제 손에 넣는 것뿐만 아니라,
이러한 과정에서도 즐거움을 느끼고 있습니다.

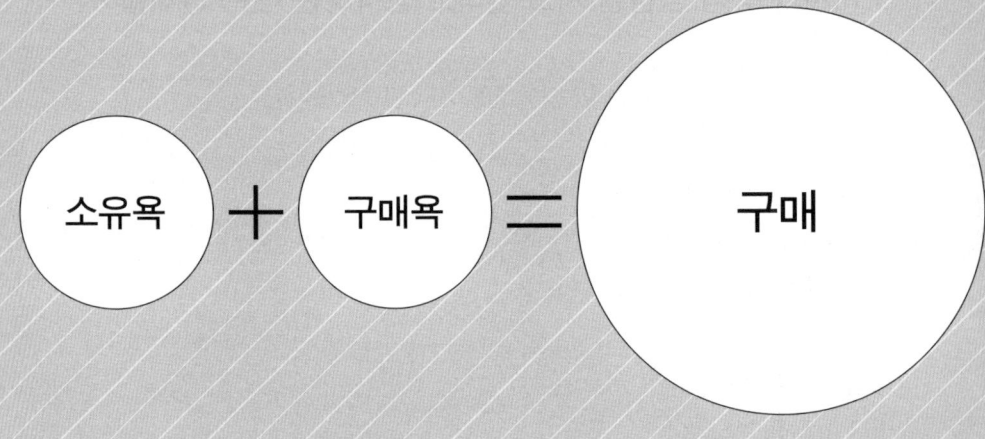

하쿠호도쇼핑연구소에서는
쇼핑이 '물건'을 손에 넣기 위한 행위에서,
'행위 그 자체'를 즐기는 것으로 변화하고 있다는 사실을 발견했습니다.

소비자의 물건에 대한 욕구를 '소유욕'이라고 한다면
쇼핑 자체의 체험에 대한 욕구는 '구매욕'이라고 정의했습니다.

실제 구매까지 이어지기 위해서는
이 '소유욕'과 '구매욕'을 동시에 충족시키는 것이 중요합니다.

왜 '소유욕'만이 아니라 '구매욕'이 중요할까요?

그것은 정보의 양이 폭발적으로 증가하는 시대에 발생하고 있는 욕구유실(欲求流失) 현상과 관계가 있습니다.

'욕구유실'은 정보가 너무 많아서 무엇을 선택해야 할지 결정을 내리지 못하고 있다가, 어느새 그 욕구가 사라져버리는 현상을 말합니다.

원하는 상품이 있어서 정보를 수집하고 드디어 마음에 꼭 드는 것을 찾아냈는데, 바빠서 며칠간 정신없이 지내다 보니 결국 갖고 싶었다는 사실 그 자체를 잊어버렸다.

이런 경험을 한 사람들도 많을 것입니다.

갖고 싶은 물건이 있었는데 구매하고 싶은 마음이 사라져서,
실제 구매로는 이어지지 않았다.

이런 상황이 발생하고 있기 때문에, '사야겠다'는 생각이 들도록
'구매욕'을 자극하는 일이 중요합니다.

이 구매욕을 어떻게 자극할 것인지, 그 방법을 체계화한 것이
이 책에서 소개하는 '20개의 트리거'입니다.

트리거(trigger)는 원래 '방아쇠'를 뜻하는데, 어떤 일이 시작되는
계기나 원인을 가리킵니다. 여기서는 '구매욕을 자극하는 요소'로
이해하면 되겠습니다.

이 20개의 트리거는 구매 인사이트(Insight),
즉 소비자의 구매 심리, 상황, 계기를 다양한 관점에서
살펴보고, 검증하고 도출한 결과를 바탕으로 하고 있습니다.

20개의 트리거는, 다음과 같이 4개의 방향으로 나눌 수 있습니다.

> 즐거운 쇼핑을 창조하고, 구매욕을 끌어올리는 BOOST 방향

> 사고자 하는 마음을 없애지 않고, 구매욕을 유지하는 KEEP 방향

> 감성을 자극해서 "이것이 좋다"는 마음을 만드는 LOVE 방향

> 사야 할 이유를 제시해서 "이것으로 정한다"는
> 결정을 내리게 하는 REASON 방향

다음 그림은 이 4개의 방향성을 조합하여
사분면으로 나누어 정리한 것입니다.

구매에 이르게 하는 20개의 트리거

"사고 싶다"는 욕구를 끌어올리는 7개의 트리거

LOVE & BOOST

편애성

구매를 통해 좋아하는 마음을 표현하는 트리거

스토리

콘셉트나 스토리에 공감하는 트리거

자기 계발

내가 원하는 미래를 위해서 투자할 수 있고, 이상적인 모습에 한층 가까워지는 트리거

학습 의욕

새로운 지식을 얻을 수 있는 트리거

과정 만족

구매에 이르기까지의 과정을 즐기고 싶은 트리거

사회의식

타인과 사회에 도움이 되는 트리거

신선·체감

신선함을 느끼거나 오감이 자극을 받는 트리거

"사야겠다"는 마음을 끌어올리는 7개의 트리거

REASON & BOOST

희소가치

지금 바로 사야 하는 이유가 있어서 구매욕을 자극하는 트리거

커스터마이제이션

나한테 딱 맞아서 구매욕을 자극하는 트리거

일탈 충격

기대 이상의 체험에 충격을 받거나, 비일상적인 느낌이 좋아서 구매욕을 자극하는 트리거

동료의식

구매를 통해 팀의 일원이 되거나 협조할 수 있어서 구매욕을 자극하는 트리거

한발 앞선 배려

미리 알아서 챙겨주는 세심함이 좋아서 구매욕을 자극하는 트리거

세렌디피티

잠재적으로 원했던 물건을 우연히 만나서 구매욕을 자극하는 트리거

대세 편승

트렌드이거나 정평이 나 있어서 구매욕을 자극하는 트리거

"사고 싶다"는 마음을 유지시키는 3개의 트리거
LOVE & KEEP

마이페이스

제약 없이
내 마음대로
쇼핑할 수 있어서
구매로 이어지는
트리거

프릭션리스

정신적·물리적
어려움이나
부담이 적어서
구매로 이어지는
트리거

손실 회피

손해를 보지
않는다는
확신이 있어서
구매로 이어지는
트리거

"사도 되겠다"는 마음을 유지시키는 3개의 트리거
REASON & KEEP

신뢰감

안심하고
신뢰할 수 있어서
구매로 이어지는
트리거

근거·이유

근거가 있어서
구매로 이어지는
트리거

선택권

적당한 수의 선택지
가운데 자신의
의지로 상품을
고를 수 있어서
구매로 이어지는
트리거

이 책에서는 20개의 트리거마다 다음 세 가지에 대해 설명합니다.

① <u>소비자는 어떤 순간에 구매하고 싶은 마음이 생기는가?</u>
② <u>기업 사례</u>
③ <u>마케팅에 활용하기 위한 팁</u>

특히 ② 기업 사례에서는 많은 기업들의 협조를 받았고,
실제 비즈니스에 활용하는 방법에 대해서도 배웠습니다.

그래서 이 책은 "재밌었다", "도움이 됐다"로 끝나는 것이 아니라,
각자가 담당하고 있는 상품, 서비스, 매장에
이 책에서 말하는 '구매욕'을 도입해 실질적인 성과를 내는 것을
목표로 하고 있습니다.

판매 방법에는 정답이 없습니다.
**하지만 갖고 싶다는 '소유욕'에 사고 싶다는 '구매욕'이 더해진다면
상품은 팔릴 것이라고 확신합니다.**

이 책을 다 읽었을 때, 여러분은 '판매'라는 행위에 대해서
새로운 관점과 가능성을 발견하고,
상품을 판매하는 일이 즐거워질 것입니다.
자, 그럼 지금부터 '구매하고 싶은 세계'를 창조하기 위한
여행을 떠나볼까요?

차례

발간사 4

1부
"사고 싶다"는 욕구를 끌어올리는 7개의 트리거
LOVE & BOOST

01 / 편애성 ·· 28
　　좋아하는 마음을 표현할 수 있으면 구입한다
[성공 사례] 주식회사 산리오, '산리오 캐릭터 대상' _ 33

02 / 스토리 ·· 37
　　뒷이야기를 들으면 누구나 좋아하게 된다
[성공 사례] 팬 퍼시픽 인터내셔널, '정열가격' _ 40

03 / 자기 계발 ··· 46
　　미래의 자신에게 투자하고 싶다
[성공 사례] 주식회사 닷미, 'Cycle.me' _ 51

04 / 학습 의욕 ·· 56
　　지적 호기심을 충족하고 싶다
　[성공 사례] 주식회사 긴비스, '다베코도부쓰' _ 60

05 / 과정 만족 ·· 66
　　손에 넣기까지 고생도 즐겁다
　[성공 사례] 몬델레즈 인터내셔널, 'OREO Calls' _ 70

06 / 사회의식 ··· 74
　　어차피 살 거라면 사회에 도움이 되는 것을
　[성공 사례] 주식회사 료힌케이카쿠, '무인양품의 자원 순환 활동' _ 78

07 / 신선·체감 ·· 84
　　"지금이 사야 할 때!" 제철의 신선함을 연출한다
　[성공 사례] 주식회사 토리돌 홀딩스, '마루가메 셰이크 우동' _ 88

2부
"사야겠다"는 마음을 끌어올리는 7개의 트리거
REASON & BOOST

08 / 희소가치 ··· 94
　　놓치면 후회할 한정판!

09 / 커스터마이제이션 ·· 100
　　나한테 딱 맞는 것을 원한다
　[성공 사례] 주식회사 CRISP, '크리스피 샐러드 웍스' _ 104

10 / 일탈 충격 ········· 109
　예상 밖의 놀라움이 지갑을 열게 한다
[성공 사례] 도큐 부동산 주식회사, '도큐 플라자 하라주쿠 하라카도' _ 113

11 / 동료의식 ········· 120
　구매로 소속감이 생긴다
[성공 사례] 주식회사 구루나비, '접대용 선물―비서가 엄선한 일품' _ 123

12 / 한발 앞선 배려 ········· 128
　세심한 배려가 좋아서 여기서 사버렸다!
[성공 사례] 주식회사 GiftX, 'GIFTFUL' _ 133

13 / 세렌디피티 ········· 139
　'운명의 만남'이라고 느끼면 구매욕이 생긴다
[성공 사례] 주식회사 인터메스틱, 'EAsee Zoff Virtual Fitting' _ 143

14 / 대세 편승 ········· 148
　모두가 좋아하는 것이니 틀림없다
[성공 사례] 특정비영리활동법인서점대상실행위원회, '서점대상' _ 152

3부
"사고 싶다"는 마음을 유지시키는 3개의 트리거
LOVE & KEEP

15 / 마이페이스 ········· 158
　부담 없이 쉽게 살 수 있어서 좋다
[성공 사례] RIZAP 주식회사, 'chocoZAP' _ 162

16 / 프릭션리스 ··· 168
  사소한 불편함만 없애도 쇼핑이 즐거워진다
  [성공 사례] 주식회사 다이소 산업, 'DAISO 앱' _ 172

17 / 손실 회피 ··· 177
  손해 볼 일이 없으면, 적극적으로 구매할 수 있다
  [성공 사례] 닛신식품 주식회사 '칸젠메시' _ 182

4부
"사도 되겠다"는 마음을 유지시키는 3개의 트리거
REASON & KEEP

18 / 신뢰감 ··· 186
  믿음직한 실적, 이걸 사면 틀림없다
  [성공 사례] 주식회사 신유샤, 'LDK' _ 190

19 / 근거·이유 ··· 195
  근거를 통해 확신하고 납득한 후 쇼핑하고 싶다

20 / 선택권 ··· 202
  역시 이게 좋다, 선택하면 행복하다
  [성공 사례] 주식회사 전통·디자인공방, '다이코부쓰 간장' _ 206

5부
2개의 트리거를 결합해서
새로운 시너지 효과를 창출하는
여섯 가지 고급 테크닉

트리거의 결합으로 '구매 행동'을 유도한다 ·················· 214
대각선 관계 ① LOVE·CROSS가 창출한 '베스트 솔루션' ·········· 215
대각선 관계 ② REASON·CROSS가 창출한 '개척정신' ············ 217
세로의 관계 ① DOUBLE·LOVE가 창출한 '친밀감' ··············· 218
세로의 관계 ② DOUBLE·REASON이 창출한 '안도감' ············· 220
가로의 관계 ① DOUBLE·BOOST가 창출한 '결단력' ·············· 221
가로의 관계 ② DOUBLE·KEEP이 창출한 '지속성' ··············· 223
트리거를 결합하는 순서 ····································· 223
결합 과정의 시뮬레이션 ····································· 228
구매욕 트리거의 장래 비전, 3개 이상의 트리거를 활용할 수 있을까? ····· 231

마치며 232

1부

"사고 싶다"는 욕구를 끌어올리는 7개의 트리거
LOVE & BOOST

01

좋아하는 마음을 표현할 수 있으면 구입한다

편애성

【정의】

구매를 통해 '좋아하는 마음'을 표현하는 트리거. 아이돌이나 애니메이션 캐릭터의 굿즈, 혹은 자신의 취미 등 좋아하는 대상에 대해 마음을 표현할 수 있다면 소비자의 구매 의욕은 높아진다. 2020년부터 시작된 코로나19 팬데믹의 경험으로 라이브 공연이 평범하게 개최되는 일상에 대한 고마움을 실감하게 되면서 편애성이 한층 더 주목받고 있다.

궁합이 잘 맞는 카테고리

 취미와 관련된 상품
(서적/음악/동영상 등)

 생활필수품·욕실용품

 편의점

 슈퍼마켓

나의 구매가 누군가에게 혹은 무엇인가에
응원이 된다면 기쁘다

편애성이 구매욕을 자극하는 경우는 다음 세 가지입니다.

① 밀어주고 싶은 대상을 응원할 수 있을 때.
② 좋아하는 대상과 관련이 있을 때.
③ 좋아하는 정도를 비교할 수 있을 때.

① 밀어주고 싶은 대상을 응원할 수 있을 때.

이것은 최근 소비 트렌드의 한 줄기를 형성하고 있는, 이른바 '덕질 소비'와 깊은 관련이 있습니다. 덕질 소비는 자신이 좋아하는 사람이나 작품, 작가 등을 응원하는 활동의 일환으로 소비하는 행위를 말합니다. 응원해주고 싶다는 생각이 들면 소비하고 싶은 마음도 커집니다.

일본에서는 그 시작을 에도시대(1603~1867)에서 찾을 수 있습니다. 17세기 전통 예술극인 가부키나 무용 등의 연기자와 제작자를 부유층이 경제적으로 후원하는 '패트런 문화'가 있었습니다. 현재는 그 대상이 아이돌이나 성우, 스포츠 선수, 애니메이션, 만화, 게임의 캐릭터나 작품, 제작자 등 다양한 분야로 확산되었습니다.

응원하는 방법 또한 다양합니다. 라이브 티켓·굿즈·CD·DVD 등의 구매, 온라인 플랫폼에서 콘텐츠 제작자 또는 라이브 스트리머(실시간으로 콘텐츠를 제공하는 인터넷 방송인)에게 금전적으로 후원하는 응원은 최고의 덕질 소비라고 할 수 있습니다.

나아가 콜라보 상품의 구매나, 제휴 이벤트 참가 등 간접적인 응원도 많이

하고 있습니다. 여러분도 좋아하는 애니메이션·캐릭터·아이돌 등과 콜라보하는 상품이 있다는 것을 알고, 평소라면 선택하지 않았을 상품을 구매한 적이 있지 않나요?

해당 상품의 매출이 오르고 콜라보 기획이 성공하면, 내가 좋아하는 대상은 그 가치가 올라 이후 더 많은 일을 할 수 있게 됩니다. 덕질 소비로 조금이라도 힘을 보태고 싶은 마음이 생기는 이유가 바로 이것입니다.

열성 팬은 아니고 '약간 관심이 있는' 정도의 팬이라도 콜라보 상품을 구입함으로써 호감을 표현할 수 있으니 행복한 시대라고 말할 수 있을 것 같습니다.

이왕 살 거라면
좋아하는 대상과 관련된 것을 갖고 싶다

② 좋아하는 대상과 관련이 있을 때.

좋아하는 대상과 직접적인 콜라보는 아니지만, 어떤 연관성을 느끼게 한다면 구매 욕구를 자극할 수 있습니다. 이는 소비자가 일상생활에서, '자신이 좋아하는 대상과 연관성 있는 것'을 적극적으로 수용하는, 이른바 '개념 덕질'이라고 하는 덕질 소비 스타일입니다.

한 예로 '퍼스널 컬러'를 들 수 있습니다. 아이돌이나 애니메이션 캐릭터에는 고유의 상징색이 있는 경우가 많습니다. 어떤 아이돌 그룹에서는 멤버 개개인에게 빨간색, 파란색, 초록색 등이 배정되고, 굿즈도 멤버마다 색이 정해져 있습니다. 팬 중에는, 예를 들어 좋아하는 아이돌의 상징색이 초록색인 경우 초록색 상품을 사용함으로써 그를 응원하고 있다고 느끼는 듯합니다. '한 가지 색으로 통일한 다양한 판촉물'이나 '한 가지 상품에 다양한 색상 베리에

이선' 등은 이러한 '개념 덕질'을 배경으로 소비자의 눈길을 끄는 데 효과적으로 작용합니다.

이처럼 일반적으로 알려진 '퍼스널 컬러' 외에도, 좋아하는 대상과의 연관성으로 인한 구매는 뜻하지 않은 곳에 숨어 있습니다.

이를테면 다음과 같은 경우입니다.

- 좋아하는 대상을 잘 보기 위해, 눈의 피로를 해소한다.
- 좋아하는 대상을 만날 때 좋은 모습이고 싶어서, 붓기를 가라앉힌다.
- 좋아하는 대상의 라이브에 맞춰, 컨디션을 관리한다. (직전에 컨디션을 망가뜨리고 싶지 않다.)

이렇게 좋아하는 대상과 관련된 행동 속에서 발생하는 구매는, 자기 계발과 관련된 경우가 많습니다. 단순히 덕질 소비를 즐기는 것을 넘어, '좋아하는 마음'이 계기가 되어 삶에 다양한 즐거움을 가져다주기 때문입니다.

누군가와 비교해서, 자신이 더 많이 좋아한다는 것을 자랑하고 싶다

③ 좋아하는 정도를 비교할 수 있을 때.

누군가와 비교해서 내가 더 많이 좋아한다는 것을 표현하고자 할 때, 구매욕이 높아지는 경우가 있습니다. 이것은 일종의 경쟁심, 시선을 끌기 위한 행동이라고도 할 수 있습니다.

예를 들어 이타백(痛バッグ), 아크릴 스탠드의 구입이 대표적입니다. 이타백

이란 좋아하는 대상의 굿즈나 배지를 많이 달아서 팬심을 어필하는 가방입니다. 덕질 소비 세계에서는, 특히 여성들에서 인기가 많습니다. '100엔 숍에서 구매한 아이템으로 만든 이타백'이 화제가 된 적도 있습니다. 또한 좋아하는 대상이 그려진 아크릴 스탠드와 함께 외출을 해서 사진을 찍고 SNS에 올리는 행동도 볼 수 있습니다. 좋아하는 대상과의 친밀감을 주변 사람들에게 자랑하고 싶은 마음을 드러내는 행동입니다.

이처럼 "내가 많이 좋아하고 있다"는 사실을 알리기 위해서, 구매하는 상품은 이타백이나 아크릴 스탠드뿐만은 아닙니다.

특정 브랜드의 원년 팬이라거나 초창기 제품을 가지고 있다고 SNS에 올리는 사람도 있습니다. 예를 들어 가죽 구두 브랜드라면, 오래된 상표 디자인이나 특정 공장에서 생산되었던 시기의 제품을 가지고 있다고 자랑합니다. 이런 물건을 가지고 있다는 사실만으로도 '남들과는 다른 특별함'을 느끼고 짜릿함을 얻게 됩니다.

그러나 지나친 '비교'는 소비자끼리의 우위 다툼으로 이어져, '구매 피로'를 불러올 수 있으니 유의해야 합니다.

성공사례

주식회사 산리오, '산리오 캐릭터 대상'

좋아하는 캐릭터를 인기투표로 응원!

편애성 트리거의 대표적인 성공 사례로 '산리오 캐릭터 대상(サンリオキャラクター大賞)'을 소개합니다. 이는 1986년에 시작된 산리오(サンリオ) 캐릭터의 인기투표 이벤트로, 2025년에 40회를 맞이했습니다.

수많은 산리오 캐릭터 중 일반 투표를 통해 선발된 캐릭터들의 순위를 정하는 이벤트입니다. 결과 발표는 산리오 퓨로랜드(sanrio puroland, 도쿄 소재 옥내 테마파크)나 대형 이벤트 회장 등에서 실시되는데, SNS에서도 매우 화제가 되는 등 일대 이벤트로 자리매김했습니다.

투표 방법은 인터넷 투표, 산리오 매장에서의 투표, 산리오 온라인 몰에서의 투표, 산

▌2025년에 기념비적인 제40회를 맞이하는 명물 기획. (이미지 제공: 산리오)

리오사의 월간지 '이치고신문(いちご新聞)'에서의 투표 등, 다양합니다. 인터넷 투표에서는 각 캐릭터에 1일 1회 무료로 투표할 수 있습니다.

이 이벤트 기간 동안, 산리오 매장에서는 소비자의 편애성을 마구 자극합니다. 애초에 산리오 캐릭터를 좋아하기 때문에 구입("좋아하는 대상과 관련이 있다")하는 것도 있지만, "상품 구매를 통해 좋아하는 대상을 응원할 수 있다"는 편애성도 잘 활용하고 있습니다.

산리오 캐릭터 대상에서 상위 랭킹에 오르면 그 캐릭터는 상품화, 노벨티(기업이나 브랜드가 판촉 목적으로 제작하여 소비자에게 증정하는 기념품, 굿즈, 사은품 등), 서비스 등 노출이 폭증합니다. 이는 자신이 응원하는 캐릭터에 대한 쇼핑 기회나 접점이 늘어나서 더 많이 즐길 수 있다는 장점이 생기는 것입니다. 산리오 캐릭터 대상은 이와 같은 편애성 트리거를 활용하여 성공한 대표 사례라고 할 수 있습니다.

하나의 팬심이 또 다른 관심으로 확산되어
연결고리를 형성한다

끝으로 편애성의 트리거를 자극하는 요령 두 가지를 소개하겠습니다.

첫 번째는 '**영역 확대**'입니다. 취향이 편중된 사람에게만 집중하면 시장이 좁아집니다. 그래서 공략 대상을 넓혀 더 많은 사람의 참여를 유도하는 것이 편애성을 자극하는 요령입니다.

예를 들어 '가죽 구두 특집'이나 '가죽 가방 특집'처럼 각각의 주제를 정하기보다 '가죽 특집'이라고 주제를 넓게 설정하면, 가죽 구두 팬, 가방 마니아, 가죽에 관심 있는 사람, 비즈니스 용품을 구비하려는 직장인 등 다양한 사람들이 흥미를 가질 것입니다.

더 나아가 "원래는 가죽 구두에만 관심이 있었는데 가죽이라는 관점으로 보니 가방에도 관심이 생겼다", "이 국산 가죽은 꽤 좋다"와 같이 하나의 취향이 연쇄적으로 다른 관심사를 만드는 계기가 되기도 합니다.

실제로 산리오 캐릭터 대상도, ○○ 작품에 나오는 캐릭터 중에서 순위 투표를 하는 것이 아니라, 산리오의 다양한 캐릭터를 대상으로 삼았기 때문에 참가 대상이 넓어졌습니다. 이처럼 폭넓은 층의 흥미를 포괄할 수 있는 설계는, 하나의 팬심이 또 다른 관심으로 이어지는 데 유효합니다.

스스로 찾아볼 여지를 남겨서
보다 깊은 세계로 끌어들인다

두 번째는 '**내부를 살짝 공개**'하는 것입니다. 과정이나 디테일한 부분을 살짝 드러내서 팬심을 자극하고, 그들이 스스로 더 깊이 파고들 수 있게 '여지'를 남겨두는 것이 요령입니다.

예를 들어 '산지'나 '부품의 공장', '장인의 경력' 등 잡다한 지식이나 도움이 될 간단한 내용을 공개하면, 소비자는 이를 계기로 더 많은 것이 알고 싶어집니다. 그래서 직접 찾아봅니다.

주의할 점은 정보량을 지나치게 늘리지 않는 것입니다. 정보를 일방적으로 방출하면 정보가 넘쳐나서 개인이 조사할 여지가 없어지므로, 이런 상황은 피해야 합니다. 마니아층은 스스로 찾아서 조사하고 많은 것들을 알아갑니다. 알아가면 알아갈수록 애정이 깊어집니다.

산지를 기재하면서 "이 지역의 환상적인 가죽을 사용하고 있다"라고만 알리고, 이 산지가 왜 우수한가에 대해서는 "○○ 제법을 사용하기 때문에 이 산지의 가죽이 우수하다"는 정보까지는 기재하지 않는 등, 정보량의 조절이 요구됩니다.

정리

- 편애성은 '구매를 통해 좋아하는 마음을 표현'할 수 있는 트리거.
- '구매를 통해서 응원'할 수 있거나 '좋아하는 대상과 연관성'이 있거나 '좋아하는 정도를 비교'할 수 있을 때 편애성 트리거가 자극을 받는다.
- 덕질 소비 붐을 배경으로 더 주목받는 트리거.
- '영역을 넓혀서' 관계자를 늘리거나, '공정 과정을 상세히 공개'하면 편애성 트리거를 효과적으로 자극할 수 있다.

02

뒷이야기를 들으면 누구나 좋아하게 된다
스토리

【정의】
"그 매장의 특별한 콘셉트나 스토리에 공감해서" 사고 싶은 마음을 자극하는 트리거. 상품과 서비스를 보다 매력적으로 느낄 수 있기 때문에 LOVE & BOOST에 속한다. 최근에는 소비자가 주체적으로 정보를 찾을 수 있게 되면서, 기능성의 우열만이 아니라 브랜드의 스토리나 가치관에 공감할 수 있는지를 중시하는 사람이 늘고 있다.

궁합이 잘 맞는 카테고리

 전문점·백화점

 슈퍼마켓

 가구·인테리어

배경에 있는 스토리에 공감하면
구입하고 싶어진다

'스토리'에 감동해서 구매로 이어지는 순간은 다음 두 가지입니다.

① 개발 배경에 놀랄 때.
② 목적과 의도에 공감할 때.

각각에 대해서 자세하게 살펴보겠습니다.

① 개발 배경에 놀랄 때.

상품이 시장에 등장하기까지에는 다양한 스토리가 생겨납니다.

누가 어떤 마음으로 어떤 과정을 거쳐서 만든 상품인지, 배경 스토리를 알게 되면 소비자는 공감대가 생기면서 구매하고 싶은 마음이 고조됩니다.

흔히 볼 수 있는 스토리는 기업의 역사, 상품 개발 과정, 판매 후의 이야기입니다.

하지만, 모든 이야기가 공감대를 형성하지는 않습니다. 공감되는 스토리에는 소비자의 감정을 움직일 수 있는 '놀라움'이 들어 있습니다.

'업계 경험이 없는 2대 후계자의 도전', '아르바이트 점원에서 사장이 되다' 등 창업자나 경영자의 스토리, 영세 제조 업체의 자이언트 킬링, 밑바닥에서 V자 회복으로 경영 위기를 넘긴 이야기 등, 의외의 전개가 사람들의 관심을 끕니다.

종업원의 스토리나 이용자 한 사람의 스토리에도 공감이 형성됩니다.

"이런 마음을 담아서 만들었습니다"
목적과 의도에 공감하면 구입하고 싶어진다

② 목적과 의도에 공감할 때.

최근 소비자들은 단순히 제품이나 서비스를 구매하는 것이 아니라 그 제품이나 서비스가 제공하는 사회적, 환경적 가치에도 주목합니다. 이 때문에 중요시 되고 있는 것이 목적 중심 브랜딩(Purpose Driven Branding)입니다.

목적 중심 브랜딩이란 기업이 자신의 존재 이유를 명확하게 설정하고 이를 전략의 중심에 두는 브랜딩 방법입니다. 단순히 이익을 추구하는 것이 아니라, 사회에 긍정적 영향을 미치거나 특정 가치를 실현하려는 '의도'나 '목적'을 기반으로 상품·서비스를 제공함으로써 고객의 브랜드 충성도(로열티)와 신뢰도를 높이고자 하는 것입니다.

상품과 서비스가 어떤 목적으로 개발되었는지, 그 배경이나 해결하고 싶은 과제, 기업의 생각·정책 등을 공감되는 문장으로 전달하면 소비자의 구매 욕구는 자극을 받게 됩니다.

하쿠호도쇼핑연구소가 2022년에 '목적 지향 구매(최근 1년간, 세상이나 사람들의 생활에 긍정적인 영향을 미친 브랜드나 기업의 자세에 끌려 상품을 구매한 경험)'의 실태를 조사한 결과, 경험자가 13%나 되었습니다. 남녀 모두 10대와 60대에서 많이 나타났는데, "외출과 쇼핑을 좋아한다", "환경 의식이 높고 환경보호 활동에도 적극적이다", "누구보다 빨리 정보를 얻고 주변에 공유하며, 무리의 중심에 있고 싶다"는 가치관을 가진 사람들이 목적 지향 구매를 하고 있었습니다.

성공사례

팬 퍼시픽 인터내셔널, '정열가격'

'놀라운 뉴스'를 패키지로 전달하여 구매력을 높이다

스토리를 효과적으로 활용하고 있는 브랜드는 '놀라운 가격의 전당 돈키호테'의 자체 브랜드 '정열가격'입니다.

'정열가격'은 돈키호테를 운영하는 주식회사 팬 퍼시픽 인터내셔널 홀딩스(パン・パシフィック・インターナショナルホールディングス, PPIH)가 기획·개발한 것입니다. 2021년 2월부터 리뉴얼을 실시하여 '고객의 설렘과 두근거림을 형태로'라는 콘셉트로, 고객 시점에서 상품 개발을 하고 있습니다.

'정열가격'은 특징적이고 이채로운 패키지로 스토리를 표현합니다.

예를 들어 '무염 볶음 믹스넛츠 DX(素煎りミックスナッツDX)'의 패키지를 보십시오. 여기에는 "연매출 20억 엔 돌파", "견과류를 너무나 사랑한 담당자가 독단과 편견으로 결정한 아몬드·캐슈넛·호두의 대박 황금비율", "소금과 기름을 사용하지 않겠다는 고집" 등 상품 개발의 스토리와, 타협하지 않겠다는 자세가 잘 드러나는 설명이 제시됩니다.

이렇게 상품 패키지에 상품 탄생의 숨은 이야기를 기재함으로써 소비자의 구매욕을 자극합니다. 상품 설명에서도 돈키호테다운 '설렘과 두근거림'을 표현하고 있어서, 긴 글이지만 상품에 담긴 생각을 재미있게 읽을 수 있습니다.

'정열가격'은 2009년 10월에 '고객의 소리를 형태로'라는 브랜드 메시지를 내걸고 탄생했습니다. 690엔이라는 놀라운 가격의 청바지 등 돈키호테다운 상품을 판매했는데, 저렴함만을 추구한 상품개발 결과, 점차 개성이 상실되면서 인지도나 매출이 제자리걸음을 벗어나지 못했습니다.

 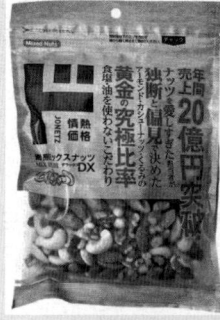

- (좌) 다른 PB(자체 브랜드) 상품과 비교해도 임팩트가 뛰어난 '정열가격' 로고. (이미지 제공: 팬 퍼시픽 인터내셔널 홀딩스)
- (우) 이색적인 존재감을 드러내는 '무염 볶은 믹스넛츠 DX'. (이미지 제공: 팬 퍼시픽 인터내셔널 홀딩스)

- '진심의 목소리(MAJI VOICE)'는 고객의 의견을 바탕으로 매장과 상품을 개선하는 프로세스. (이미지 제공: 팬 퍼시픽 인터내셔널 홀딩스)

그래서 돈키호테는 자사의 업태 이미지를 견인할 수 있는 개성 강한 자체 브랜드를 만들기 위해, 2020년부터 리브랜딩을 시작했습니다.

사내 공청회와 논의를 거듭한 결과, 돈키호테다움은 매장에서 '설렘과 두근거림', '놀라움'을 체험하는 것임을 재확인했습니다. 브랜드 방침으로 돈키호테다운 재미있는 상품을 개발하여 '놀라운 뉴스(驚きのニュース)'를 제공하기로 목표를 세웠습니다.

앞에서 소개한 상품 패키지도 이런 방침의 일환으로 개발되었습니다. 개발 담당자가 심혈을 기울여 완성하기까지의 스토리를 '놀라운 뉴스'에 게재하여, 돈키호테다움을 전하고 소비자의 구매욕을 끌어올리는 것입니다.

그리고 2021년 2월 새로운 브랜드 메시지 '자꾸자꾸 놀랍다(Don Don Donki)'를 내걸고 '정열가격'의 리뉴얼을 실시했고, 이때 '피플 브랜드 선언'이라는 것을 했습니다. 이 선언에서는 자사 완결로 개발하는 프라이빗 브랜드(private brand)가 아니라 고객과 함께 상품을 만드는 '피플 브랜드'로 변혁하고자 하는 마음을 담았습니다.

고객의 눈높이에서 '놀라운 뉴스'가 담긴 상품을 선보이기 위해, 브랜드 리뉴얼에 맞춰 고객의 지적을 접수하는 플랫폼인 '혹평의 전당-열정적 개선 요구!'를 개설했습니다. "양이 많아서 다 먹을 수 없다", "패키지에서 어떤 상품인지 알 수 없다" 등, 고객이 느낀 그대로를 투고하면 이것을 집약해서 신상품 개발의 단초로 삼았습니다.

하나의 상품이 탄생하기까지, 그 과정 속에 이야기는 자연스럽게 만들어집니다. 현재는 '혹평의 전당-열정적 개선 요구!' 서비스를 종료하고, '진심의 목소리(MAJI VOICE)'가 그 역할을 담당하고 있습니다.

재미있는 것 중 하나는 '지적당한 구 믹스넛츠'와 '지적당한 신 믹스넛츠'라는 상품의 패키지입니다. 두 상품의 패키지에는 소비자들로부터 받은 지적을 바탕으로 상품을 개선한 개발 과정을 '놀라운 뉴스'로 전하고 있습니다. 이전에 판매했던 믹스넛츠에 대한 지적을 수집해 면밀히 검토한 다음, 넛츠의 종류·배합·양념 등 모든 면을 재검토해서 새로운 믹스넛츠를 개발했습니다.

그러나 개발 담당자는 구 믹스넛츠의 맛과 가성비에 절대적으로 자신이 있었기 때문에 신제품과 함께 판매하면서, 고객의 선택을 대결시키는 기획 - "당신의 취향은 신제품 or 구제품!?" - 으로 뉴스를 만들어냈습니다.

신 믹스넛츠 패키지에는 "많은 고객 분들의 지적을 참고해 넛츠의 종류·배합·양념 등 모든 것을 재검토한 인류 최고의 신 믹스넛츠", 구 믹스넛츠 패키지에는 "웹사이트에서 많은 사람들로부터 지적을 받고 좌절했습니다. …… 그래도 담당자는 맛과 가성비에 절대적인 자신감을 가지고 있는 구 믹스넛츠"라는 문구로 각 제품의 매력 포인트를 강조했습니다.

더 나아가 신 믹스넛츠에는 "구 믹스넛츠의 판매량을 넘지 못한다면 아무리 최고의 제품이라고 해도 판매를 종료하겠습니다!", 구 믹스넛츠에는 "이전보다 판매량이 줄어든다면 판매를 종료하겠습니다!"라고 판매 종료에 대한 각오까지 표현해 돈키호테다운 유머를 더하면서도 상품 개발에 진심이라는 점을 전달하고 있습니다.

'발견'과 '몰입'을
제공한다

마지막으로 스토리 트리거를 자극해서 구매로 이어지는 효과적인 요령을 두 가지 소개하겠습니다.

첫 번째는, 팔고 싶은 물건을 손에 잡은 손님의 마음이 되어 '**좋은 의미에서 기대를 배신하는**' 정보가 될 스토리를 검토하는 것입니다. 손님의 시선에서 '발견'이 없으면 흥미도 없고 효과도 없습니다.

예를 들어 "5년간 하루도 빠짐없이 라면을 먹었던 개발 담당자가 만든 신상품"이라는 스토리, "수많은 제품 중 눈을 가리고 고른 결과, 선택된 제품"이라는 스토리는 소비자에게 '발견'의 기쁨을 주고 상품에 대한 흥미를 불러올 것입니다.

두 번째는 '**브랜드의 세계관에 몰입할 수 있는 쇼핑 체험**'을 제공하는 것입니다. 예를 들어 제품의 '고급스러움'을 중시하는 브랜드 매장에서는, 물건을 하나씩 유리 케이스 안에 전시하는 것으로 미술관에서 예술품을 감상하는 듯한 쇼핑 체험을 제공합니다.

더 나아가 직원의 복장이나 언어, 내장, POP 광고, 포장지 등을 섬세하게 준비하고 정성을 다해 브랜드의 가치를 보다 높게 느끼게 하는 것으로, 소비자의 마음을 움직여서 구매하고 싶은 마음을 고양시킵니다.

정리

- □ 스토리 트리거는, 그 점포만의 콘셉트나 스토리에 공감해서 구매욕을 자극하는 것.
- □ 스토리는 구매의 필수 요소가 아니지만, 상품이나 서비스보다 매력적이고 '구매하고 싶은 마음'을 고조시킨다.

□ 상품, 매장, 고객 응대만이 아니라 스토리나 콘셉트, 독자성, 열의를 전하는 것으로 구매하고 싶은 마음을 끌어올릴 수 있다.
□ 많은 사람들의 공감을 얻기 위해서 여러 가지 스토리를 준비한다.

03

미래의 자신에게 투자하고 싶다
자기 계발

【정의】
내가 원하는 미래를 위해서 투자할 수 있고, 이상적인 모습으로 변할 수 있을 것 같아서 구매욕을 자극하는 트리거. LOVE & BOOST에 속한다. 주식 투자에 따른 자산 형성이나 중고 시장에서의 재판매 이익 등을 배경으로, 쇼핑에서도 미래 가능성에 대한 시각이 중요해지고 있다. 단순히 물건을 소비하는 데 그치지 않고 자신의 이상을 실현하고 능력을 최대한 발휘할 수 있는 구매를 하고 싶다.

궁합이 잘 맞는 카테고리

 미용 관련·화장품

 의약품·영양제

 생활필수품·욕실용품

"파이팅!"
쇼핑이 삶의 활력소가 된다

'자기 계발'을 위해서 구매하고 싶은 순간은 아래와 같이 두 가지입니다.

① 열심히 살기 위해서 스위치를 켤 때.
② 자신이 생각하는 이상적인 모습으로 바뀌고 싶을 때.

각각에 대해서 설명하겠습니다.
① 열심히 살기 위해서 스위치를 켤 때.
'자기 계발'은 일반적으로 잘 알려진 '보상 소비'와는 정반대 개념입니다. 보상 소비의 대표적인 예는 "일주일 동안 열심히 일한 나를 위해서, 주말에는 좀 비싼 아이스크림을 먹자"와 같은 행동입니다. 이는 과거의 노력에 대해서 스스로 보상하는 소비 방식입니다.

반면 '자기 계발'은 미래 지향적입니다. 이것을 '동기 부여 스위치'라고 말해도 될 것입니다.

이를테면 다음과 같은 예가 있습니다.

- 직장인에게는 좀 우울한 월요일 아침, 이번 주도 바쁠 테니 잘 버티기 위해서 프리미엄 커피로 충전한다.
- 다음 주에는 데이트가 있으니, 헤어스타일을 바꿔본다.
- 다음 달에 좋아하는 아티스트의 콘서트가 있다. 예쁘게 꾸미고 싶어서 피부 관리를 받는다.

이런 장면들을 떠올릴 수 있습니다. 이것은 **과거의 행동에 대한 보상이 아니라 앞으로 열심히 살기 위해서 지금 에너지를 비축하고 "파이팅"하는**, 이른바 열심히 살기 위한 스위치입니다.

평소에 익숙하게 사용하는 제품은, 무의식적으로 사용하는 것이기 때문에 마음의 변화를 가져올 수 없습니다. 스위치가 켜지는 느낌을 줄 수 있는 제품은 평소에 쓰는 것과는 확실하게 차이가 있어야 합니다. 이를테면 색상, 형태, 질감, 향기 등에서 차이가 뚜렷한 제품이 일상에서 한 걸음 벗어나 변화를 주는 데 도움이 됩니다.

파이팅을 위한 것만이 아니라 기분을 전환하는 '스위치'의 역할도 합니다. 코로나19 팬데믹을 계기로 일상 속 '스위치'에 대한 수요가 증가했습니다. 재택근무로 삶의 리듬이 없어지고 온·오프 전환이 어려워졌다고 느끼는 분들도 많았을 것입니다.

저 역시 재택근무 기간에는 집에서 업무를 보았는데, 어디까지가 업무이고 어디부터가 사생활인지 구분하기 애매하다고 느낀 적이 있습니다. 이럴 때 향초를 피워서 기분을 전환하는 등 여러 가지 방법을 시도해 보았습니다. 실제로 소셜 리스닝(Social Listening, SNS, 블로그, 커뮤니티 등 온라인상에서 사람들이 특정 브랜드, 제품, 키워드에 대해 어떻게 이야기하고 있는지 '듣고' 분석하는 활동)에서, 'SNS에서 "전환"이나 "리프레시"와 관련된 게시물 수의 추이'를 조사한 결과, 2020년에 증가한 이후 지금도 높은 수준을 유지하고 있었습니다. 평상시로 돌아간 현재에도 '기분 전환 스위치'에 대한 니즈는 확고히 자리를 지키고 있다는 사실을 알았습니다.

쇼핑으로
자신이 꿈꾸는 이상을 이룬다

② 자신이 생각하는 이상적인 모습으로 바뀌고 싶을 때.

이것을 구입하면 자신이 꿈꾸는 이상적인 모습에 가까워질 것 같다…는 생각이 들면 투자하게 됩니다. "책을 사서 자신을 계발한다", "운동 기구와 건강보조식품을 사서 다이어트를 시작한다" 등을 떠올릴 수 있을 것입니다. 이외에 다음과 같은 것도 있습니다.

- 시간을 매우 효율적으로 사용할 수 있게 해줄 가전제품.
- 자신을 업그레이드시켜 줄 것 같은 옷.

이런 것들도 자신의 이상을 실현해주는 요소가 됩니다.

식기 세척기나 로봇 청소기를 구매하면, 지금까지 집안일을 위해 사용한 시간이 압도적으로 줄어듭니다. 이렇게 절약된 시간으로 가족과 함께 시간을 보내거나 자신이 좋아하는 일을 할 수 있습니다. 이는 이상적 미래를 위한 투자적 소비라고 할 수 있습니다.

어느 한 소비자의 이야기입니다. 그녀는 회사에서 부장으로 승진했을 때 새 재킷을 구매했습니다. '가볍고 세련된 부장 이미지'를 표현하고 싶은 마음에 평소에는 잘 입지 않는 핑크색을 골랐다고 합니다. 자신이 생각하는 이상적인 모습을 보여주고 싶을 때, 자신을 새로운 곳으로 데려다 줄 무언가를 원할 때 하는 쇼핑은, 특히 패션 분야에서 많이 볼 수 있는 소비 형태입니다.

또한 "이 제품을 사용하면 내가 달라질 것 같다", "건강을 유지할 수 있을지도 모른다" 등의 이유로 구매하는 영양제나 건강보조식품 등에도 자기 계발의 요소가 포함되어 있습니다. 자신이 꿈꾸는 이상적인 모습을 구현하는 수단으로 미래를 대비하는 '부적'과 같은 의미로 선택하는 것입니다. 이상적인 자신의 모습을 실현하기 위한 한 걸음이라는 심리적인 만족감도 함께 있습니다.

성공사례	주식회사 닷미, 'Cycle.me'
	맛있는 것을 시간대별로 선택할 수 있는 브랜드

자기 계발이라는 트리거의 사례로, 편의점과 온라인 쇼핑몰 등에서 판매 중인 '사이클 미(Cycle.me)'라는 식품 브랜드를 소개합니다. 사이클 미는 '매일의 일상 속에서 기분 전환'의 스위치가 되기도 하고, 건강 면에서도 이상적인 생활을 지원하는 브랜드입니다.

이 브랜드가 제공하는 것은 '정말 맛있다고 생각하는 것을 시간대별로 선택하는 심플한 식생활'입니다. 즉, 사이클 미는 '시간 영양학'의 관점을 도입해 상품 개발을 하고 있습니다. "언제 먹는가"에 따라 같은 영양소라도 그 효과는 달라지기 때문입니다. 음식과 체내 시계의 관계는 밀접해서, 식생활을 개선할 때 먹는 타이밍이 중요하다는 개념입니다.

물론 단순히 시간대별로 먹고 마시는 것뿐만 아니라 맛도 중요하게 여깁니다. 소비자가 영양을 '섭취'하기 위해서가 아니라 '먹고 싶어서' 찾아주기를 바랍니다.

개발의 계기는 SNS에서 "아침에 이것을 먹었더니 하루의 건강을 챙길 수 있었다", "자기 전에 이것을 마셨더니 몸과 마음이 편안해졌다" 등, 코로나19 팬데믹 당시 하루의 몸과 마음을 다스릴 수 있는 방법에 대한 글이 증가한 데서, 하루의 사이클을 바로잡아주는 식품에 대한 필요성을 발견했다고 합니다. 그래서 아침 점심 저녁을 무기력하게 보내는 것이 아니라 일상 속에서 자연스럽게 심신의 리듬을 전환할 수 있도록 도움을 주는 제품으로, 2021년 사이클 미를 개발했습니다.

사이클 미는 "맛있는 것을 먹고 싶다"는 욕구를 만족시키는 상품이라는 점을 대전제로, 일상 속에서 몸과 마음의 리듬을 전환할 수 있는 계기를 제공하는 브랜드입니다. 자

▎ 시간 영양학적 관점을 반영. (이미지 제공: Dot.me Inc)

사 온라인 몰에서는 아침에 권장하는 상품으로 '잠에서 깨어났을 때 우리 몸에 필요한 영양'을 제공해주는 상품을, 밤에 권장하는 상품으로 '잠들기 전에 릴랙스 타임'을 제공하는 상품을 소개하고 있습니다.

필자도 소비자의 한 사람으로, 시간대에 맞는 영양으로 기분을 전환하고 동기 부여가 되는 듯한 느낌을 받았습니다.

게다가 정기적으로 먹으면 리듬 전환이 잘 되어, 중요한 일을 할 때는 동기 부여가 높아지거나, 일과 사생활의 균형을 잘 잡을 수도 있습니다. 이것이 지속하여 습관이 되면 좋은 생활 사이클이 유지되어 업무능력 향상으로 이어질지도 모릅니다.

또한 패키지에는 단백질 10그램(식이섬유나 GABA 등의 상품도) 등 구체적인 성분량이 기재되어 있어서, 몸을 만들기 위해 트레이닝을 하는 사람이나 다이어트를 하는 사람도 "이것을 꾸준히 먹으면 자신이 꿈꾸는 이상적인 몸을 만들 수 있다"는 생각이 들게 하는 상품으로 구성되어 있습니다.

‖ 'ㅇㅇ에 대비한다'에서 계기를 찾는다

마지막으로, 자기 계발 트리거를 자극하는 두 가지 요령을 소개합니다.

첫 번째는 "ㅇㅇ에 대비한다"입니다. '대비한다'는 발상에서 출발해, "미래를 위해서 투자하고 싶어지는 건 어떤 경우일까?"를 생각해보는 것이 요령입니다. 여러분이 담당하고 있는 상품 카테고리나 매장 특성을 중심으로 "무엇을 준비해야 할까?"를 찾아보십시오.

앞서 언급한 업무나 공부처럼 고된 장면만이 아닙니다. 예를 들어 '데이트'도 하나의 사례입니다. 데이트를 마음껏 즐기기 위해서 에너지를 비축하고, 외모를 가꾸고, 마음을 가다듬고, 시간을 효율적으로 관리하는 등, 다양한 맥락에서 생각해보면 의외의 인사이트, 이른바 마케팅 전략에 유의미한 방향성을 제시하는 통찰력을 얻을 수 있습니다. 한 예로, '사랑이 이루어진다, 바르기만 하면 결혼할 수 있는 마법의 립스틱(물론 실제로 결혼이 가능해지는 것은 아니지만)'과 같은 것이 출시되면, 결혼을 하고 싶은 여성들이 구매하지 않을까요.

그 외에도 다음과 같은 것이 있습니다.

- 업무가 바빠지기 전에 (체력을) 길러둔다: 칼로리를 축적한다.
- 장시간 운전에 대비해서 (몸을) 쉬게 한다: 몸을 관리하고 수면을 취한다.
- 중요한 날을 위해서 (마음을) 가다듬는다: 감정을 조절하고 마음을 안정시킨다.
- 이직에 대비해서 (능력을) 키운다: 미래를 위해서 능력을 개발한다.

이처럼 각각의 상황에 맞는 방식을 강조하면, 자기 계발 트리거를 효과적으로 자극할 수 있습니다.

이상적인 삶을 위해서는 돈이 들지만
계산하기에 따라 이득일 수도 있다!

두 번째는 '1일 기준의 가격을 제시하는 것으로 가성비를 강조'하는 방법입니다. 가성비와 자기 계발에 대한 투자는 정반대의 개념으로 보일 수도 있습니다. "자신이 원하는 이상적인 삶을 위해서는 많은 돈이 필요하다"는 특징이 있으므로 가성비를 강조할 필요가 있습니다.

이때 유용한 것이 '1일 기준의 가격 계산'입니다. 하쿠호도쇼핑연구소에서 모 잡지 편집장과 인터뷰를 한 결과, 지금의 소비자는 쇼핑에 대해서 매우 신중하며 먼 앞날까지 생각해서 합리적인 선택을 하고 있다고 합니다. 이를테면 매우 비싼 가방을 구매할 때는 자녀의 입학식과 학부모회 등 어떤 행사에 얼마나 들고 갈 수 있는가를 생각하고 1회 착용당 비용을 계산한다는 것입니다. 착용당 비용의 발상은 옷이나 가방뿐만 아니라, 고급 가전제품이나 정기 구독료 등에 다양하게 적용됩니다.

그 물건을 사용하는 여러 장면을 떠올리고 "한 번 사용할 때의 비용, 이른바 가성비를 계산해보니 결코 비싸지 않다"라고 판단되면 자기 계발을 위한 투자로 이어집니다.

정리
- 자기 계발 트리거는, 내가 원하는 모습으로 성장하기 위해서 나에게 투자하고 싶다는 것. 이상적인 모습을 향해 한 걸음 나아갈 수 있다는 느낌.
- '더 열심히 살기 위해서 동기 부여가 되는 구매', '내가 꿈꾸는 이상적인 모습에 가까워질 것 같은 구매'를 했을 때 자기 계발을 위해서 투자했다고 느낀다.
- 주식 투자나 중고품 되팔기 등을 배경으로, 미래 지향적 구매의 중요성이 증가하고 있다.

☐ "○○에 대비한다"라는 발상이 팁. "1일 기준 가격을 따지면 가성비가 좋다"는 것까지 더해서 소비자의 구매욕을 자극하면 효과적.

04

지적 호기심을 충족하고 싶다
학습 의욕

【정의】
새로운 지식을 얻을 수 있어서 구매욕을 자극하는 트리거. LOVE & BOOST에 속한다. 인터넷과 SNS의 보급으로, 누구나 알고 싶은 것이 있으면 바로 검색하는 세상이 되었다. 사람들의 지식에 대한 욕구가 높아졌으며, 구매할 때도 지적 호기심을 충족시키는 물건을 찾는다.

궁합이 잘 맞는 카테고리

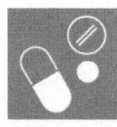 의약품·영양제

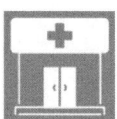 드러그스토어

 가전제품·전자제품

상품+정보로
무엇에 도움이 되는지 잘 알 수 있다

'학습 의욕'이 생겨서 구매하고 싶은 순간은 다음 두 가지입니다.

① 생활에 도움이 되는 지식이 있을 때.
② 전문가로부터 설명을 듣고 납득했을 때.

각각에 대해서 설명하겠습니다.
① 생활에 도움이 되는 지식이 있을 때.

일찍이 조미료 회사의 레시피 같은 것이 있었습니다. 간장이나 맛술 등 기본 조미료도 사용법에 따라 다양하게 응용할 수 있으므로, 제조사는 레시피를 항상 제공했습니다. 공식 홈페이지나 공식 SNS에도 게재하는 경우가 많습니다.

최근에는 코로나19 팬데믹을 계기로 집에서 요리를 할 기회가 많아졌고, 가정 간편식이 본격화되면서 동남아 요리나 인도 요리에 이용하는 향신료 등 진기한 조미료들을 슈퍼마켓에서 팔기 시작했습니다. 저도 인도 전통 카레를 만들기 위해서 몇 개의 향신료를 마련했습니다.

카레만으로는 구매한 향신료를 다 쓸 수 없어서 카레 이외의 레시피가 궁금해졌습니다. 그래서 이 향신료들을 이용한 요리책을 사기도 했는데, 향신료를 팔고 있는 제조사의 홈페이지에서 다양한 정보를 얻을 수 있어서 놀랐습니다.

최근에는 많은 회사가 레시피 이외에도, 도움이 되는 요령과 편리한 방법을 제공하고 있습니다.

- 세제나 청소 제품을 팔고 있는 회사가 '청소하는 요령'을 제공.

- 화장품 회사가 남성용 화장품의 '사용 방법'을 제공.
- 건강식품 회사가 '스트레칭 방법'을 제공.

상품과 직접적으로 관계가 없는 정보도 있는데, 생활에 도움이 되는 다양한 정보를 보면 제조사에 대한 호의도도 올라갑니다.

남성 화장품과 같이 이제부터 이용자가 늘어날 시장에서 상품을 발매할 경우, 단순히 상품을 발매하는 것만으로는 필요성을 전할 수 없습니다. 따라서 남성도 왜 스킨케어를 해야 좋은지, 어떻게 사용하면 효과적인지, 여성과 남성의 피부는 어떻게 다른지 등, 제품에 정보를 더해 소비자의 궁금증을 해결해준다면, 제조사에 대한 신뢰감이 상승하고 소비자도 어느새 상품에 흥미를 가지게 됩니다.

전문가 입장에서
설명하는 인플루언서 등장

② 전문가로부터 설명을 듣고 납득했을 때.

인터넷과 SNS의 보급으로 알고 싶은 것을 바로 검색해서 찾아보는 세상이 되었습니다. 이 때문에 사람들이 날마다 접하는 정보량과, 새롭게 배우는 지식의 양이 비약적으로 증가했습니다. 소비자들은 더 똑똑해졌으며, 지적 호기심과 학습 의욕을 충족시켜줄 정보의 '질' 또한 향상되었습니다.

그 결과 동영상 스트리밍 사이트에서는 의사나 기업의 연구 개발 담당자 등 전문가가 정보를 공유하는 경우가 많아졌습니다. 이를테면 약사가 약에 대해서 설명하고 피부과 의사가 화장품의 성분이나 기술력에 대해 설명하는 영상 등이 그렇습니다.

  조회 수나 팔로워 수가 많은 전문가도 있는 것으로 보아, 많은 사람들이 제품을 구매하기 전에 이들의 동영상을 참고하고 있다는 걸 알 수 있습니다. 전문적인 정보는 글로 읽으면 이해하기 어렵지만, 음성과 함께 영상으로 설명을 들으면 쉽게 느껴진다는 점도 인기를 끄는 요인 중 하나입니다. 또한 정보가 넘쳐나다 보니 어떤 정보를 믿어야 할지 모르겠다는 소비자의 고민도 있습니다. 이런 경우, 그래도 전문가가 하는 말이니 틀림없을 것이라고 납득하고 구매로 이어지는 것 같습니다.

  이렇게 최근에는 인터넷을 통해서 지식을 얻는 일이 많아졌습니다. 그런데 여기서는 아날로그 방식으로 부모와 자녀가 함께 모여 재미있게 지식을 얻는 스테디셀러 상품을 소개하겠습니다.

성공사례

주식회사 긴비스, '다베코도부쓰'

영어 동물 이름은
예나 지금이나 학습 의욕을 자극한다

'다베코도부쓰(たべっ子どうぶつ)'는 긴비스(ギンビス)에서 만든 동물 모양 비스킷입니다. 동물 이름이 영어로 새겨져 있는 것이 특징입니다. 필자도 어렸을 때 자주 먹었고, 지금은 아이들과 함께 먹고 있습니다.

맛있을 뿐 아니라 동물 이름을 영어로 보는 것이 재미있고, 다음에는 무슨 동물 이름이 나올까 기대하면서 먹게 됩니다. 학습 의욕 트리거라는 관점에서 보면 앞서 설명한 ① **생활에 도움이 되는 지식**을 제품으로 만든 대표적 사례라고 할 수 있습니다.

긴비스는 1930년에 설립되었습니다. 당초에는 카스테라와 같은 것을 만들었는데, 유통기한이 긴 과자를 만들고 싶다는 생각에 비스킷을 만들기 시작했습니다. 현재 판매되고 있는 상품 중 가장 오래된 건 '아스파라거스 비스킷(アスパラガスビスケット)'입니다. 이후 다베코도부쓰의 전신이라고 할 수 있는, '도부쓰47(動物四十七士)'이라는 동물 모양의 두꺼운 비스킷을 만들었습니다. 그리고 9년 후인 1978년에 어린이들을 위한 동물 모양의 얇은 비스킷 '다베코도부쓰'가 탄생했습니다. 동물의 종류는 '대중적으로 인기가 많은 메이저급 동물', '윤곽이 뚜렷한 동물', '비스킷으로 만들었을 때 잘 깨지지 않는 모양의 동물' 세 가지를 중심으로 개발했습니다. '도부쓰47'에는 이름 그대로 47종류의 동물이 있었는데, 버터 맛의 얇은 비스킷인 다베코도부쓰에서는 코알라의 귀가 자꾸 부서진다는 이유로 46종류가 되었습니다.

다베코도부쓰에는 왜 영어 이름이 새겨져 있을까요? 이것은 긴비스의 창업자 미야모토 요시로(宮本芳郎)의 경영 이념, '3I(Three I), 즉 '국제성(International)·독자성(Independent)·교육성(Instructive)'을 따른 것입니다. 이 이념을 바탕으로 상품이 개발된 결

▎다베코도부쓰의 전신인 '도부쓰 47'. (이미지 제공: 긴비스)

과, 맛있는 비스킷을 먹으면서 동물의 모양을 익히고 동시에 영어도 배울 수 있는 과자가 탄생했습니다. 상품 자체에 '학습 의욕'과 기업 이념이 밀접하게 연결되어 있습니다.

또한 학습 의욕을 자극하는 것은 영어만이 아닙니다. 비스킷에는 '칼슘 & DHA 함유'라고 적혀 있어, 이 비스킷을 먹으면 영양소를 풍부하게 섭취할 수 있다는 사실을 알 수 있습니다.

어린이들에게 필요한 영양소가 함유되어 있다면, 이것만으로도 많은 과자 중에서 선택할 이유가 됩니다. 지금은 건강 열풍으로 포장지에 성분명이 적힌 과자가 많지만, 당시에 영양소를 표기한다는 것은 놀라운 시도였습니다.

또한 알레르기 물질인 계란을 사용하지 않아서 어린이들이 안심하고 먹을 수 있다는 점도 고마운 일입니다. 이렇게 45년 동안 변하지 않는 맛과 품질을 유지하고 있는 것 역시 스테디셀러의 비결일 것입니다.

이 '변함 없음'을 지속적으로 유지해가기 위해서는 기업의 노력이 필요합니다. 비스

▎ '다베코도부쓰' 탄생 45주년을 기념해서 개최된 팝업 이벤트도 성황을 이룸.
(이미지 제공: 긴비스)

킷을 둘러싼 환경은 근래의 원가 급등 등의 요인으로, 발매 당시와 비교하면 크게 바뀌었습니다. 또한 기술을 계승하는 일에도 어려움이 있습니다. 그럼에도 '변함 없음'에 심혈을 기울이고 있는 것은, 어렸을 때 먹은 과자를 자식에게 계승하는 사이클이 중요하기에 언제 먹어도 같은 맛을 지키고 싶다는 바람이 있기 때문입니다.

변함 없음은 패키지에 그려진 동물도 마찬가지입니다. 다베코도부쓰가 캐릭터 마케팅에 힘을 쏟기 시작한 것은 2018년부터입니다. 처음으로 화제가 된 것은 2019년 출시된 캡슐 토이였습니다. 이를 시작으로 굿즈 확대, 45주년 기념 이벤트 개최, 게임 개발 등으로 확장해 나갔습니다.

이 같은 다양한 마케팅 활동을 전개할 때도 패키지에서 동물들이 튀어나온 것 같은 이미지는 유지했고, 귀엽고 밝고 행복한 분위기도 소중히 했습니다. 그래서 굿즈를 만들 때도 동물의 색이나 모양에 심혈을 기울였는데, 정확하게 표현할 수 없을 때는 상품화하지 않는 방침을 정했습니다.

동물들은 단순히 상품의 캐릭터를 넘어 미디어로서 '다베코도부쓰'를 적극적으로 홍보하고 있습니다. 또한 45주년 기념 이벤트에서는 이벤트 한정 포토 스팟 등을 마련해 SNS에 쉽게 올릴 수 있도록 구성했습니다.

이벤트 참가자는 자녀와 함께하는 가족이 대부분이었지만, SNS를 통해 정보를 접한 젊은 여성이나 커플도 많았다고 합니다. 결과적으로 어린 시절 이 비스킷을 먹었던 기억이 있는 젊은 세대도 관심을 가졌고 팬층의 폭이 넓어졌습니다.

'맛과 제조 방식 그리고 동물 캐릭터'를 바꾸지 않음으로써, 세대를 넘어 부모와 자녀로부터 사랑받는 브랜드 약속을 지키고 있으면서, SNS 활동 등 시대에 맞게 '전달 방식'을 바꾸면서 팬을 늘려가고 있습니다. 이것이 바로 다베코도부쓰가 스테디셀러 브랜드로 남을 수 있는 이유가 아닐까 생각합니다.

환경의 변화는
학습 의욕을 노릴 수 있는 기회

환경의 변화로 구매자의 학습 의욕이 높아지는 순간이 있다고 봅니다. 예를 들어 분가해서 혼자 살기를 시작했을 때, 사회인이 되었을 때, 아이가 태어났을 때 등 '라이프 스테이지의 변화'입니다.

- 혼자 살기 시작했으니, 시간을 절약할 수 있는 요리 비법을 알고 싶다.
- 취업 활동을 위해, 사람들에게 좋은 인상을 줄 수 있는 메이크업 방법을 알고 싶다.
- 아이의 성장에 필요한 영양소를 알고 싶다.

이와 같이, 새롭게 시작하는 생활을 위해서 새로운 정보를 얻고자 하는 의욕이 높아집니다.

정보가 많아지면 자신의 선택 기준도 달라지고, 이제까지 구매했던 것과는 다른 제품을 찾는 경우도 있습니다. 기업 입장에서는 브랜드 전환을 유도하기 쉬운 타이밍입니다.

소비자는 '무엇부터 시작해야 할지' 고민하는 제로베이스의 타이밍에, 제조사가 '가장 기초적인 부분부터' 알려주면 친근감을 느끼게 됩니다.

이와 같이 자사의 상품과 환경 변화를 연관 지어서 정보를 제공하면, 브랜드에 호감을 가지는 팬을 얻을 수 있는 기회가 됩니다.

즐겁게 배울 수 있는 퀴즈 형식

또 하나 '학습 의욕'을 자극하는 요령을 소개하겠습니다. 최근 TV를 보면, 황금 시간대에 퀴즈 프로그램이 많이 진행되는 것을 알 수 있습니다.

모든 세대가 안심하고 시청할 수 있고, 본인도 참여할 수 있는 인터랙티브한 콘텐츠입니다. 이를 보고 제조사들도 '**퀴즈 형식**'의 콘텐츠를 만들고 있습니다.

○○ 모의고사, ○○ 검정, ○○ 테스트 등 특정 범주의 지식이나 생활에 유용한 정보를 퀴즈 형식으로 배울 수 있습니다.

또한 난이도가 있는 퀴즈를 만들어서 전국 순위를 매기면 참가자들이 서로 경쟁하면서 즐길 수 있습니다. SNS에서 "너무 어렵다"고 화제가 되는 경우도 있습니다.

재미있는 퀴즈를 기획하고 여기에 흥미를 느끼게 함으로써, 결과적으로 상품에 대한 관심을 가지게 합니다.

정리
- '학습 의욕'은 새로운 지식을 얻을 수 있어서 구매욕을 자극하는 트리거.
- "생활에 도움이 되는 지식이 있어서 갖고 싶다"와 "전문가의 설명을 듣고 납득했다"는 두 가지 요소.
- 공식 홈페이지나 SNS에서 도움이 되는 정보를 제공하는 제조사가 늘어나, 소비자도 참고하고 있다.
- 전문가의 해설은 동영상 미디어가 등장하면서 접하기 쉬워졌다. 또한 믿을 수 있는 정보를 구하는 사람들이 있어서, 구독자가 늘어나고 있다.
- 학습 욕구를 자극하는 방법은 지적 호기심이 높아지는 라이프 스테이지의 변화 기회가 될 수 있다. 그 외에 퀴즈 콘텐츠를 생각하는 것도 효과적.

05

손에 넣기까지 고생도 즐겁다
과정 만족

【정의】
손에 넣기까지의 과정을 즐기고 싶어서 구매욕을 자극하는 트리거. 구매 과정 자체가 즐거우면 설레는 마음과 함께 구매 욕구가 더 커진다. 이 요소가 없다고 해서 구매하고 싶지 않은 건 아니기 때문에 LOVE & BOOST에 속한다. 갖고 싶은 물건을 쉽게 손에 넣을 수 없는 상황에서도, 그 과정이 재미있을 때 구매욕이 자극된다.

궁합이 잘 맞는 카테고리

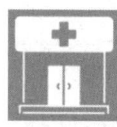 드러그스토어

 가구·인테리어

 슈퍼마켓

얻을 수 있는 것이 달라지기 때문에, 시도해보고 싶다

'과정 만족'을 느끼고 구매하고 싶은 순간은 다음 세 가지입니다.

① 게임을 즐길 수 있을 때.
② 쉽게 손에 넣을 수 없을 때.
③ 인터랙티브를 즐길 수 있을 때.

각각의 요소에 대해서 설명하겠습니다.

① 게임을 즐길 수 있을 때.

사람은 예측할 수 없는 것에 흥미를 느낍니다. 캡슐 토이나 복권처럼 "무엇이 나올지 모른다"라는 상황에 재미를 느낍니다. 이것은 뇌의 쾌감 회로가 반응해서 '행복 호르몬'이라는 도파민이 분비되기 때문입니다.

이런 구조를 이용하는 예로는 캡슐 토이, 트레이딩 카드, 장난감이 들어 있는 과자 등이 있습니다. 랜덤으로 봉입된 형태로 발매되기 때문에 원하는 물건을 반드시 얻을 수 있지는 않습니다. 무엇이 나올지 모르는 불확실성이 마음을 설레게 하는데, 이것이 인기의 원인이기도 합니다.

또한 자신의 노력에 따라 상품의 수량이나 가격이 달라지는 쇼핑 경험은 단순한 상품 구매를 넘어, 가치 있는 체험으로 이어집니다. 다음과 같은 예를 들 수 있습니다.

- 무제한 담기 행사: 정해진 용기에 얼마나 많이 담을 수 있는지를 겨루는 도전.
- 타임 세일: 설레는 마음으로 할인되는 시간을 기다림.

- 가격 흥정이나 묶음 구매: 자신의 노력으로 얻어낸 실속 있는 거래.

자신의 노력으로 가성비 있는 구매를 했다는 느낌은, 소비자의 만족도를 높이는 요인입니다. 소비자는 가능한 한 유리한 입장에서 물건을 사고 싶습니다. 따라서 스스로 그 조건을 조절할 수 있다면 매우 큰 매력을 느낄 것입니다.

얼마나 가성비 있는 구매를 했는지에 대해서 객관적으로 수치화하거나, 경쟁 요소를 도입하면 소비자의 적극적인 참여를 유도할 수 있습니다.

- 무제한 담기 행사에서, 무게를 달고 순위를 경쟁시킨다.
- 경매에서, 평균 낙찰가와 비교해 얼마나 싸게 샀는지를 시각적으로 보여준다.

자신의 노력이나 선택으로 얻은 결과가 '시각화'되면, '쇼핑의 과정'에 대한 재미를 더 크게 느끼고 만족합니다.

고생해서 어렵게 얻으면 더 기쁘다

② 쉽게 손에 넣을 수 없을 때.

수요는 많은데 공급이 적은 상품에는 희소가치성이 있어서 본래의 가치 이상의 높은 평가를 받습니다. 희소가치가 있는 상품을 시간이나 노력을 들여서 얻는다면 그 만족감과 성취감은 매우 높을 것입니다.

하쿠호도쇼핑연구소는 소비자를 대상으로 '기억에 남는 좋은 쇼핑 경험'에 대해 조사한 바 있는데, 그 결과는 다음과 같습니다.

- 페스티벌 한정 굿즈를 손에 넣기 위해 긴 줄을 서서 오랫동안 기다렸다가 마침내 얻었을 때.
- 추첨에 당첨되어 구매할 수 있었을 때.
- 여러 매장을 돌아다닌 끝에 원하던 상품을 구했을 때.

고생해서 손에 넣는 과정 자체가 쇼핑에 대한 만족도를 높이는 중요한 요소임을 알 수 있습니다.

자신의 행동에 대해서 반응해주는 기업

③ 인터랙티브를 즐길 수 있을 때.

인터랙티브(Interactive)란 '상호작용을 한다', '쌍방향적'이라는 뜻입니다. 인터랙티브한 쇼핑에서는, 정보를 일방적으로 제공받는 것이 아니라 기업과 고객이 서로 반응하고 주고받는 소통이 중시됩니다.

소비자의 행동에 대해서 기업이 반응했다면, 이 경험은 오랫동안 기억되고 브랜드와의 강한 정서적 유대감으로 이어집니다. 대표적인 예로는 게임식 광고, 참여형 이벤트, 답을 입력하면 바로 결과를 알려주는 퀴즈 등이 있습니다.

성공사례

몬델레즈 인터내셔널, 'OREO Calls'

"그거 뭐야? 해보고 싶다!"를 자극해서 대성공을 이룬 인터랙티브 기획

'OREO Calls'는 오레오 쿠키로 유명한 나비스코 브랜드를 보유한 몬델레즈 인터내셔널(Mondelēz International)이 2024년에 기획한 독창적인 광고 캠페인입니다. 미국에서 큰 인기를 끌고 있는 NCAA 남자 농구 토너먼트에서 심판들이 입고 있는 유니폼은 흰색과 검은색 줄무늬이며, 미국에서는 '흑백'이라고 하면 오레오를 떠올립니다. 이 두 가지 포인트에 주목한 기발한 캠페인입니다.

참가자는 TV 경기 중 심판이 등장하면, 그 장면을 바코드 찍듯 스마트폰으로 스캔해서 이벤트 사이트에 업로드합니다. 그러면 시스템이 자동으로 해당 심판이 어떤 판정을 내리는 순간인지 분석해서, 판정 내용에 따라 할인 쿠폰을 부여합니다.

평소에는 주목받지 않는 심판의 판정 장면이, 오레오 할인 쿠폰을 받을 수 있는 재미난 체험으로 바뀐 것입니다. OREO Calls는 '과정 만족' 트리거 중에서도 특히 '상호 소통을 즐길 수 있는' 캠페인입니다. 실시간 스캔이 필요하기 때문에 지금 당장 해보고 싶다는 참여 의욕을 높이고 있다는 점이 탁월합니다.

OREO Calls는 많은 광고상을 수상하기도 했습니다. 이벤트 사이트 방문 증가와 할인 쿠폰 사용을 통해 오레오의 매출도 상승했습니다. 게임 참여는 무려 10만 회에 달했고, '쿠폰 교환율은 61%'에 이를 정도로 매우 높은 수준을 기록했습니다. 미국 전 국민이 주목하는 광고 효과가 매우 높은 이벤트로 화제를 모았으며, 15억 1천만 달러에 해당하는 미디어 노출 효과를 창출했습니다.

이 캠페인의 목적은, 평소 오레오의 존재를 잊고 사는 많은 소비자들에게 오레오를 다시 상기시키는 기회를 갖게 하는 것입니다. 그들에게 "오랜만에 한 번 사볼까!"라는

■ '심판의 판정 장면에 주목해서 시작된 참여형 이벤트. (이미지 출처: 오레오 홈페이지)

■ 시청자의 적극적인 참여를 유도해서 큰 반향을 불러일으켰고, 여러 광고상 을 수상했다. (이미지 출처: 오레오 공식 홈페이지)

구매 욕구를 느끼게 하려면, 매장 진열대 앞에서의 커뮤니케이션만으로는 충분한 효과를 기대하기 어렵다고 판단했습니다. 왜냐하면 매장 진열대 앞에는 기존 구매자들만 있을 뿐, 평소에 오레오를 먹지 않는 사람들에게는 메시지를 전달할 수 없기 때문입니다.

구매자를 늘리기 위해서는 매장에서 구매하기 전에, 오레오가 기억나게 해야 합니다. 그래서 오레오는 '카테고리 진입 포인트(CEP: Category Entry Point)', 즉 소비자가 제품이나 서비스를 떠올릴 수 있는 계기를 확대하는 마케팅 전략을 선택했습니다.

소비자가 일상적으로 접하는 것, 과자 외에 관심이 있는 것과 오레오를 연관 지어 일상생활 속에서 오레오를 떠올릴 수 있도록 한 것입니다.

사실 이 캠페인 이전에도 우유팩 바코드를 스캔하면 쿠폰을 받을 수 있는 캠페인이 실시된 바 있습니다. 우유의 바코드를 보면 오레오, 심판의 줄무늬 유니폼을 보면 오레오를 떠올리는 것처럼, 주변에 있는 흑백 줄무늬만 보면 오레오가 연상되도록 유도하고 있습니다.

희망이 보이지 않는 실망은
소비자에게 외면 받을 뿐

　과정 만족 트리거의 기획을 시도할 때, 반드시 보장해야 할 것은 참가자가 손해를 보지 않는 설계입니다. 시간과 노력을 들여 캠페인에 참여했음에도 불구하고 보상이 없다면 만족도가 떨어지고, 결과적으로 브랜드에 대한 호감도마저 낮아질 가능성이 있습니다.

　들인 노력에 합당한 대가가 보장된다는 것을 사전에 고지해두면 리스크를 회피할 수 있습니다.

　예를 들어 복주머니처럼 내용물이 랜덤인 상품을 팔 때는, 구매 금액과 동일하거나 그 이상의 가치가 있는 상품이 들어 있다는 사실을 공지해야 합니다. 랜덤으로 여행지가 결정되는 여행 상품을 판매할 때는, 랜덤으로 설정된 여행 선택지를 사전에 알려서 기대치를 조절해야 효과적입니다.

정리
- □ '과정 만족'은 손에 넣기까지의 과정을 즐기고 싶어서 구매욕을 자극하는 트리거.
- □ '게임을 즐기다', '간단하게 손에 넣을 수 없다', '인터랙티브' 이 세 가지로 구매하고 싶은 마음을 고조시킬 수 있다.
- □ 과정 만족을 자극하기 위해서는 참가자가 손해 보지 않는 설계를 하는 것이 중요하다.

06

어차피 살 거라면 사회에 도움이 되는 것을
사회의식

【정의】
타인과 사회에 도움이 되는 일이라서 구매욕을 자극하는 트리거. 누군가에게 좋은 일을 할 수 있는 시스템이 갖추어져 있으면 구매 욕구가 높아지기 때문에, LOVE & BOOST에 속한다. 'SDGs의 확산과 더불어, 소비자가 물건을 선택할 때도 지속가능한 사회에 기여할 수 있는 제품을 원한다. "사회문제에 적극적으로 대응하는 기업을 응원하고 싶다"는 기준을 가진 사람들이 많아지고 있다.

궁합이 잘 맞는 카테고리

 생활필수품·욕실용품

 슈퍼마켓

 식품·음료

 전문점·백화점

서서히 스며든
친환경 제품 선택

'사회의식'을 자극해서 구매하고 싶은 마음이 생기는 순간은 다음 두 가지입니다.

① 사회 공헌으로 이어진다고 실감할 수 있을 때.
② 생산자나 판매자를 응원하고 싶은 정보를 접했을 때.

각각의 요소에 대해서 설명하겠습니다.
① 사회 공헌으로 이어진다고 실감할 수 있을 때.

자본주의 경제는 시장에서 자유 경쟁이 이루어진다는 점이 가장 큰 특징입니다. 그런데 경쟁 원리에 맡긴 결과, 환경 파괴와 경제적 격차 확대 등 다양한 부작용이 드러났습니다. 속수무책으로 바라보고만 있으면 결국 사회가 지속될 수 없다는 위기감에서, 기업에게도 사회문제 해결에 대한 적극적인 자세가 요구되기 시작했습니다.

1989년부터 친환경운동이 시작되었습니다. '지구를 위해서'라는 슬로건은 좋았는데, 소비자가 막상 구매를 할 때 본심은 "나는 손해 보기 싫다"였습니다. 따라서 정부가 주도해서 캠페인을 벌여도 좀처럼 소비 행동으로 이어지지는 않았습니다.

하지만 서서히 SDGs(Sustainable Development Goals, 지속가능발전목표)나 윤리적 소비가 확산되면서, 소비자들도 물건을 선택할 때 환경에 친화적인 소재로 만든 제품이나 지속가능한 방식으로 생산된 제품들을 고르기 시작했습니다. 지속가능한 사회에 기여할 수 있는 기준을 가지고 구매를 결정하게 된 것

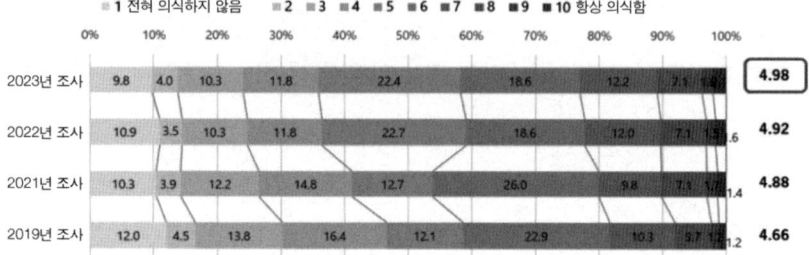

▎도표 1. 하쿠호도 SDGs 프로젝트 '소비자의 지속가능한 구매 행동 조사 2023'

입니다.

'하쿠호도 SDGs 프로젝트'의 '소비자의 지속가능한 구매 행동 조사 2023'(도표 1)에서 "물건을 구매할 때 환경 및 사회에 미치는 영향을 의식하고 있는가?"를 질문했습니다. 10점 만점이었는데 20~69세의 평균치가 4.98점으로, 첫 조사가 실시되었던 2019년의 4.66점과 비교하면, 매년 조금씩 상승해서 환경과 사회를 의식하는 구매 활동이 점차 확대되고 있다는 사실을 알 수 있습니다.

대금의 일부가 사회 공헌 활동에 기부되는 자선 상품과 서비스 등도, 사회문제 해결에 기여할 수 있다는 점에서 구매 동기가 됩니다. 개발도상국의 농가나 장인이 정당한 보상을 받을 수 있도록 지원하는 '공정무역 상품' 역시 주목을 받기 시작했습니다.

구매를 통해
재해 복구를 지원하는 '착한 소비'

② 생산자나 판매자를 응원하고 싶은 정보를 접했을 때.

생산자나 판매자를 응원하기 위한 소비 활동으로서 '착한 소비'라는 개념이 있습니다. 착한 소비란 특정 지역이나 업계, 개별 사업자를 지원하기 위해 소비자가 의식적으로 구매를 하는 행동을 말합니다. 자연재해나 경제 위기 등의 상황에서 자주 등장하며, 지역 경제 활성화나 복구 지원에 기여합니다.

일본에서는 2011년 동일본대지진 이후 피해 지역의 산품을 적극적으로 구매하는 '힘내라 도호쿠(がんばろう東北)' 캠페인이 널리 전개되었습니다. 소비자들은 피해 지역에서 생산된 농산물이나 공예품 등을 적극적으로 구매함으로써 해당 지역의 복구를 지원했습니다.

또한 코로나19 팬데믹 상황에서도, 외식업이나 관광업 등 큰 타격을 받은 업종을 지원하기 위해서 지방 특산품의 온라인 구매, 지역 식당의 테이크아웃이나 배달 서비스 이용이 장려되었습니다. 이러한 행동들은 '새로운 생활 양식' 속의 착한 소비로 평가받고 있습니다. 착한 소비는 단순한 금전적 지원을 넘어 지역의 매력을 재발견하고 문화와 전통을 다음 세대에 전하는 수단으로도 주목받고 있습니다. 소비자와 생산자가 직접 연결되면 지속가능한 소비가 추진될 것으로 생각됩니다.

성공사례	주식회사 료힌케이카쿠, '무인양품의 자원 순환 활동'
	물건을 소중히 다루는 문화를 전하다

무인양품(MUJI)을 운영하는 주식회사 료힌게이카쿠(良品計画)는 독특한 자원 순환 활동을 펼치고 있습니다. 이를테면 소비자가 더 이상 필요로 하지 않는 무인양품 의류를 매장에서 회수하여 사용 가능한 상품으로 재활용하는 활동 'ReMUJI', 흠집이나 오염 등으로 반품된 상품 중에서도 충분히 쓸 수 있는 제품을 판매하는 '아까운 물건 시장(もったいない市)', 가구를 소유하지 않고 빌려 쓸 수 있는 '월정액 렌트 서비스' 등이 그렇습니다. 소비자는 이런 활동에 참여함으로써 **사회 공헌에 기여한**다고 느낄 수 있어 '사회의식'을 자극하는 사례라고 할 수 있습니다.

'ReMUJI'는 무인양품이 추진하는 의류 재사용 및 업사이클 프로젝트입니다. 2010년 의류품을 리사이클해서 에너지로 바꾸는 활동에 참가했을 당시, 아직 입을 수 있는 옷이 많아 "전부 에너지로 재활용하는 것은 아깝다"라는 발상에서 시작되었습니다.

천을 소중히 아껴 쓰는 일본의 문화를 기반으로, 색이 바랜 옷은 다시 염색했습니다. 헌옷 특유의 냄새나 오염이 있는 경우에는 세탁했습니다. 또한 낡은 옷들을 이어 붙여서 리폼한 다음 판매함으로써, "옷을 소중하게 입는다"는 이미지를 전했습니다.

의류 재사용 및 업사이클 서비스는 최근 여러 기업들이 참여해서 강화되고 있는 분야입니다. 그중에서도 '다시 염색한 옷', '다시 세탁한 옷', '이어 붙여서 만든 옷'은, 회수한 상품을 매장 직원들이 하나하나 꼼꼼히 확인하고 분류한 후, 무인양품의 세계관에 맞는 새로운 가치를 더해서 업사이클했습니다. 그리고 이것을 판매하고 있다는 점이 특징입니다.

매장 진열도 세심하게 배려했습니다. 보통 의류품은 규격이 있고, 잘 접어서 진열합니다. 그러나 이 세 부류의 상품은 하나하나가 특별합니다. 세상에 하나밖에 없는 상품으로 사이즈, 모양, 색이 각각 다르기 때문에 옷걸이에 걸어서 진열하여, 멀리서도 전체를 보고 마음에 드는 것을 고를 수 있도록 매장을 만들었습니다.

이런 상품들을 판매하는 매장에서는, 가능한 한 수거함을 가까이에 배치하고 있습니다. 수거함 근처에 매장 홍보물(POP)을 설치해 정보를 제공하면, 처음 보는 사람이라도 수거된 옷이 재활용되는 과정을 직관적으로 이해할 수 있습니다.

┃ ReMUJI에서 업사이클한 단 하나의 제품.
(이미지 제공: 료힌케이카쿠)

POP 광고에는 수거된 의류의 양이 표시되어 있고, 홈페이지에도 활동 성과를 공개하는 등 성과가 '시각화'되기 때문에, 참여자들은 자신의 행동이 가져온 효과를 실감할 수 있습니다.

'아까운 물건 시장'에서는 흠이나 오염이 있는 중고품 중에서도 충분히 사용할 수 있는 상품을 판매하고 있습니다. 중고품을 구매할 때 많은 소비자들이 오염 상태 등 상품의 개별 상황을 확인하고 싶어 합니다.

하지만 하나하나의 상품을 사이트에 업로드하는 데는 많은 시간과 노력이 필요하며 그만큼 가격이 오르게 됩니다. 가능한 한 공정을 줄이고 가격을 낮춤으로써 고객이 "그래, 이 정도면 살 수 있겠다"라고 납득할 수 있도록 판매 방식을 검토한 결과, 상품의 흠이나 오염 정도를 샘플로 이미지화해서 설명하고, 부정적인 요소를 적극적으로 공개하는 방식을 선택했습니다.

또한 교환 부품의 유무, 클리닝 정도, 반품 및 교환 불가 등의 조건을 명시해서 납득

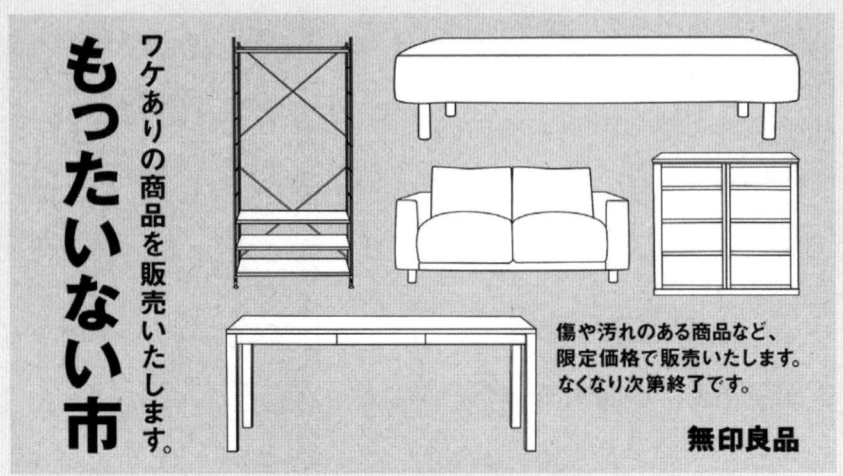

(좌) 아까운 물건 시장/ 하자 있는 상품을 판매합니다.
(우) 흠집이나 오염이 있는 상품을, 한정 가격으로 판매합니다. 품절 시 종료됩니다.
▎하자가 있지만 사용하는 데는 문제없는 제품을 한정 특가로 판매.
(이미지 제공: 료힌케카쿠)

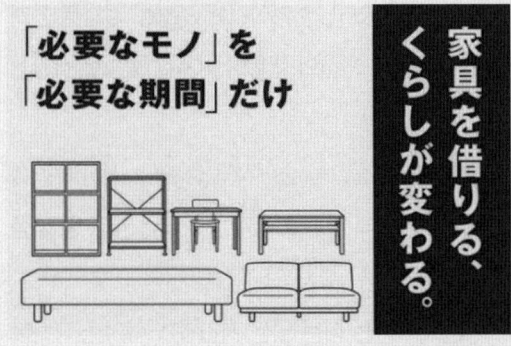

(좌) '필요한 물건'을 '필요한 기간'만큼
(우) 가구를 빌리면, 삶이 바뀐다
▎'가구를 빌려 쓴다'는 제안.
(이미지 제공: 료힌케카쿠)

이 되면 구매하는 조건부 판매를 실시하고 있습니다.

더 나아가, 구매 당시의 상황이나 상품에 따라 '소유한다/소유하지 않는다', '새 제품이 좋다/중고도 괜찮다' 등 다양한 이용 스타일의 선택지를 마련해서, '가구를 빌려서 사용'할 수 있는 렌트 서비스 제공을 시작했습니다.

예를 들어 단신 부임이나 유학처럼 일정 기간에만 가구가 필요한 경우나, 가구 선택에 실패했을 때처럼 지금까지라면 구매 후 바로 버려야 했던 상황을 줄여주는 서비스입니다. 앞으로는 상품의 범위나 대여 가능한 품목의 종류, 대여 방식, 상품 회수, 재사용, 재활용 방법 등을 설계해서 특별히 의식하지 않고 "같은 원료를 오래 사용하는 일"에 참여할 수 있는 서비스를 구상하고 있습니다.

'누군가에게 도움이 되는 일'을
가시화한다

구체적으로 '사회의식' 트리거를 공략하기 위해서는 어떻게 해야 할까요? 키워드는 '**가시화**'입니다.

우선은 '**사회문제를 가시화**'해야 합니다.

상품이나 서비스가 탄생하게 된 배경에 있는 사회문제를 알려주고, 소비자가 문제의식을 갖도록 할 필요가 있습니다.

누가 얼마나 큰 어려움을 겪고 있는지, 이 문제가 해결되지 않으면 어떤 결과가 발생하는지에 대해서 구체적으로 알려주고 문제 해결의 필요성을 느끼게 합니다.

또한 '**기여 방법과 기여 대상의 가시화**'도 중요합니다.

문제 해결의 필요성을 전한 뒤에는 어떤 방법으로 해결할 수 있는지를 명확하게 제시합니다. 문제를 해결할 수 있는 방법에 대한 확신이 들지 않으면, 아무리 해결해야 할 과제라 할지라도 그 행동에 참여할 필요성을 느끼지 못하기 때문입니다.

이런 사태를 막기 위해서, 기여하는 방법이나 대상을 명확하게 전달하고, 자신의 행동 참여가 의미 있는 일이라는 것을 느끼도록 하는 것이 중요합니다. 이를테면 'ReMUJI'에서는 사용한 의류를 폐기하거나 단순 재활용하는 것이 아니라, 무인양품이 품질을 관리하면서 가능한 한 다시 쓸 수 있도록 노력한다는 사실을 알립니다.

최근에는 불필요한 물건의 처리에 관심이 높아지면서 "불필요한 물건을 제대로 활용해주는 곳으로 보내고 싶다"라는 의식을 가진 사람도 증가하고 있습니다. 그래서 "쓰레기로 버리기보다는 책임감을 가지고 재활용해주는 무인양품에 보내고 싶다"는 마음이 공감을 얻고 있습니다.

게다가 '**기여 성과의 가시화**'까지 더해진다면, 이는 매우 강력한 효과를 발휘합니다.

자신의 선택이 얼마나 기여했는지를 구체적으로 알 수 있다면, 보다 효과적으로 참여를 유도할 수 있습니다. 기여 성과를 표현할 때는 숫자로 드러내는 것이 효과적입니다.

몇 만 명에게 어떤 혜택을 줄 수 있었는지, 얼마의 금액을 지원할 수 있었는지 등 알기 쉬운 실적을 알려줌으로써, 자신의 기여를 구체적인 숫자로 실감할 수 있으면 많은 사람들이 협력할 것입니다.

숫자 이외에 공헌 성과를 가시화하는 방법으로는, 지원받은 대상의 반응이나 메시지를 정기적으로 전달하는 방법이 있습니다.

이렇게 사회의식의 '가시화'는 소비자가 "나도 참여하고 싶다"는 동기를 높이는 데 도움이 됩니다. 사회 공헌에 대한 구체적인 방법이나 성과가 보이면 소비자는 자신의 행동이 사회에 미치는 영향을 실감하고 더욱 적극적으로 기여하고 싶은 의욕이 생깁니다.

정리

- 타인과 사회에 도움이 되는 일이라서 구매욕을 자극하는 트리거.
- 사회 공헌으로 이어진다고 실감할 수 있고, 생산자나 판매자를 응원하고 싶은 정보가 있으면 구매욕이 고조됨으로 LOVE & BOOST에 속한다.
- 재생품의 구매가 사회 공헌으로 이어진다고 실감할 수 있는 구조를 만들면, 사회의식을 자극할 수 있다.
- 사회의식 트리거를 자극하기 위해서는 사회문제, 기여 대상, 기여 성과를 가시화하는 것이 효과적.

07

 "지금이 사야 할 때!" 제철의 신선함을 연출한다
신선·체감

【정의】
'신선·체감'은 신선함을 느끼거나 오감이 자극을 받아서 구매욕을 자극하는 트리거. LOVE & BOOST에 속한다. 갓 잡은 생선이나 갓 구운 빵 같은 신선한 먹거리가 떠오르지만, 갓 출시한 공산품, 잡지나 웹사이트의 최신 정보 등 모든 상품에는 '신선도'가 있다. 이것을 체험하고 싶은 마음이 구매로 이어진다.

궁합이 잘 맞는 카테고리

 식품·음료

 슈퍼마켓

 전문점·백화점

 생활필수품·욕실제품

갓 만든 제품에 대한 수요 급증
확대되는 '공장 직송 서비스'

'신선·체감'을 느끼고 구매하고 싶어지는 순간은 다음 두 가지입니다.

① 신선함에 매력을 느낄 때.
② 오감으로 활기를 느끼고 설렐 때.

각각의 요소에 대해서 설명하겠습니다.
① 신선함에 매력을 느낄 때.

생선이나 신선한 채소를 고를 때, 제철 상품을 찾거나 신선도를 나타내는 표시를 살펴 더 맛있어 보이는 것을 선택합니다. 최근에는 음식물 손실을 최소화하기 위한 취지로 오래된 것부터 소비하자는 운동도 확산되고 있지만, 유제품이나 냉장 식품 등을 한번에 구매할 때는 역시 유통기한이 길게 남아 있는 것부터 고르는 사람이 많습니다. 그만큼 신선도는 구매에서 중요한 포인트입니다.

채소나 해산물뿐만 아니라 가공식품도 "갓 만든 것을 먹고 싶다"는 수요가 있습니다. 이것을 실현시킨 것이 바로 '공장 직송 서비스'입니다. 조사해보니 포테이토칩, 커피, 맥주, 전병, 아이스크림 등 다양한 분야에서 공장 직송 서비스를 실시하고 있습니다.

공장 직송은 가능한 한 맛있을 때 전달하고 싶은 마음으로 '생산 후 ○일 이내'에만 배송한다는 기간 한정 서비스입니다. 수량이 한정되어 있거나 신청 가능한 기간이 정해져 있는 경우가 많아 희소가치와 특별함을 느낄 수 있는 것도 매력적입니다. 갓 만든 제품은 풍부한 향과 바삭한 식감 등 오감으로 맛을 느낄 수 있습니다.

"갓 나온 것을 먹고 완전히 팬이 되었다", "이 맛을 친구들과도 나누고 싶었지만, 신선함이 생명이어서 다 먹어버렸다" 등 중독성이 팬 확보로 이어지고 있습니다.

빠른 템포의 BGM으로
편의점 매출이 올랐다

② 오감으로 활기를 느끼고 설렐 때.

행사를 한다고 화려하게 꾸민 매장에 활기가 넘치면 그 자체만으로도 시선이 갑니다. "뭔가 좋은 상품이 있을 것 같다"거나 "신상품이 나왔나?"라는 기대감은, 주목을 끌고 매출로 이어질 것 같습니다.

과연 매장의 활기가 매출을 끌어올릴까요?

활기를 연출하는 것 중에는 BGM(Background Music, 배경 음악)이 있습니다. BGM의 템포가 실제 구매 행동에 영향을 미친 사례를 검증한 실험이 있습니다. 2020년 12월 일본 음악 유통 및 방송 서비스 기업인 USEN과 쇼와 여자대학이 공동으로 "BGM의 템포에 따라 매장에서의 구매 행동이 달라질까?"라는 주제로 실험을 실시했습니다. (출처: 음공간디자인연구소 'BGM 템포가 매장 내 구매 행동에 미치는 영향')

실험은 실제 매장을 통째로 임대해서 실시했습니다. 30~50대 남녀 42명을 두 그룹으로 나눈 다음, 각자에게 1만 엔을 지급하고 "주말에 편의점으로 평소 먹는 식료품, 음료, 생활용품 등을 사러 간다"는 상황을 재현했습니다. 하나의 그룹은 느린 템포의 BGM이 흐르는 매장으로, 또 하나의 그룹은 빠른 템포의

BGM이 흐르는 매장으로 보낸 다음 구매하기까지의 시간, 금액, 감정, 매장에 대한 인상 등을 측정했습니다.

실험 결과, 빠른 템포의 BGM이 흐르는 매장에 간 그룹에서, 시간당 구매 금액이 더 높았습니다. 즉, 빠른 BGM이 매출 증가에 도움이 된 것입니다.

그렇다면 모든 매장에 빠른 템포의 BGM을 설정하면 매출이 오를까요? 그렇지는 않습니다. 선행연구(Milliman, 1982/1986)에 따르면, 미국의 중형 슈퍼마켓과 주류 레스토랑에서는 느린 템포의 BGM이, 매장에서의 체류 시간을 늘리고 매출도 끌어올린다는 결과가 나왔습니다.

슈퍼마켓에서는 매장 안을 천천히 돌다가 불현듯 "그래, 간장이 얼마 남지 않았지"라는 기억이 나서 추가 구매를 합니다. 따라서 체류 시간을 늘리는 BGM이 효과적이라고 할 수 있습니다.

반면 편의점은 슈퍼마켓보다 품목 수가 적고 체류 시간이 짧은 특성이 있습니다. 이런 곳에서는 빠른 템포의 BGM이 충동구매를 유도하기에 더 효과적일 수 있습니다.

성공사례 | 주식회사 토리돌 홀딩스, '마루가메 셰이크 우동'

한 손으로 흔들 수 있는 우동이 테이크아웃의 개념을 바꾸다

마루가메 제면이 '포장 음식의 새로운 경험'을 주제로 출시한 '마루가메 셰이크 우동(丸亀シェイクうどん)'은 '신선함을 직접 전달'하면서 셰이크(흔드는) 동작을 통해 '활기를 오감으로 느끼게 하는' 장치가 잘 어우러진 제품입니다.

마루가메 제면은 사누키 우동[일본 가가와현(옛 사누키국)이 원조인 우동] 전문점으로서 본격적인 수제의 맛을 고집하면서 맛있는 우동을 제공해 왔습니다. 맛에 대한 고집은 그대로 유지하면서 '감동의 테이크아웃'이라는 콘셉트 아래 탄생한 것이 '마루가메 셰이크 우동'입니다.

이 제품의 특징 중 하나는 한 손으로 들 수 있는 용기입니다. 이제까지 테이크아웃 우동 용기는 테이블 위에 놓고 먹는 '덮밥 그릇' 형태였지만, '마루가메 셰이크 우동'은 세로로 긴 컵 형태라서 한 손으로 들 수 있고 자동차 컵 홀더에도 들어갑니다. 그래서 어디서든 간편하게 즐길 수 있습니다.

또 하나의 특징은 먹기 직전에 우동과 토핑 그리고 소스를 균일하게 섞기 위해 '셰이크'하는 재미입니다. '셰이크'의 손동작을 통해 기존 테이크아웃의 '실용성 중심' 개념에서 한 걸음 더 나아가 재미와 설렘을 제공합니다.

'마루가메 셰이크 우동'의 구매층은 기존 고객인 직장인과 가족만이 아니라, 젊은 세대 등 새로운 고객층도 포섭하고 있습니다. 예를 들어 고등학생들이 방과 후 간단한 간식으로 구매하기도 하면서, 기존 제품과는 다른 상황에서 소비되고 있습니다.

또한 주말 가족 나들이에서도 많이 볼 수 있습니다. 마루가메 제면에는 우동, 튀김, 반찬을 곁들인 테이크아웃 '마루가메 우동 도시락(丸亀うどん弁当)'이 있어서, 아빠는 마

▌두근두근 즐거운 체험으로 큰 인기를 끌고 있는 마루가메 셰이크 우동.
(이미지 제공: 토리돌 홀딩스)
※ 계절에 따라 판매하지 않는 시기가 있을 수 있습니다.

루가메 우동 도시락, 엄마와 아이들은 셰이크 우동을 선택하는 등, 가족 구성원의 취향에 따라 제품을 선택할 수 있기 때문입니다.

2023년 5월 출시 이후 약 2개월 반 만에 누적 250만 그릇이 판매되었고, 포장 상품의 매출은 전년 대비 148%를 달성했습니다.

'마루가메 셰이크 우동'은 이제까지 없던 새로운 맛 개발에도 힘을 쏟고 있습니다. 2024년 여름에 출시한 '돼지 샤브샤브 무즙 레몬 셰이크 우동(豚しゃぶおろしレモンシェイクうどん)'은 상큼하게 먹을 수 있는 건강한 제품으로 주목을 받고 있습니다.

또한 닭튀김, 햄버거, 소시지를 더한 '욕심쟁이 셰이크 우동(よくばりシェイクうどん)'에서는, 이제까지의 사누키 우동에서는 볼 수 없던 어린이들이 좋아하는 재료를 더한 도전도 하고 있습니다. 그동안의 우동에서는 찾아볼 수 없는 '의외성'을 선보이면서 맛에도 재미를 표현하고 있는 것입니다.

그 결과 주말 소년 축구팀이나 야구팀의 간식으로 "셰이크 우동 20개 부탁합니다"라는 주문이 들어오는 등, 스포츠 현장에서도 이용되고 있습니다.

우동은 소화가 잘되어서 식욕이 없을 때도 가볍게 먹을 수 있으고, 염분도 보충할 수 있어서 열사병 예방에 도움이 됩니다.

마루가메 제면에서는 '마루가메 셰이크 우동'에 이어, 새로운 식감의 도넛 '마루가메 우도나쓰(丸亀うどーなつ)'를 출시했습니다. 우동에서 비롯된 이 제품도 어린이와 여성들 사이에서 좋은 반응을 얻고 있으며 매출도 순조롭게 증가하고 있습니다. 마루가메 제면은 앞으로 맛은 물론이고, 고객이 새로운 감동을 경험을 할 수 있는 테이크아웃 상품을 선보일 예정이라고 합니다.

오감으로 표현하는 것이
'신선·체감'을 널리 알리는 열쇠

'신선·체감'을 자극하기 위해서는 **오감**(시각, 청각, 후각, 미각, 촉각)으로 인지할 수 있도록 표현하는 것이 중요합니다. 마루가메 셰이크 우동도 오감을 자극하도록 설계되어 있습니다.

① 시각: 구매욕을 자극하는 모양.
② 청각: 셰이크할 때 나는 소리.
③ 촉각: 셰이크할 때의 진동과 손의 움직임.
④ 후각: 셰이크함으로써 퍼지는 향.
⑤ 미각: 갓 만든 우동을 맛있게 먹을 수 있음.

이렇게 분석해보면 '셰이크'라는 행동이 오감과 밀접하게 연결되어 있음을 알 수 있습니다. 오감을 완벽하게 자극하는 장치를 도입하는 것이 '신선·체감' 트리거를 자극하는 전략입니다. 또한 '마루가메 셰이크 우동'은 광고 표현에도 '신선·체감'을 반영하고 있습니다. 기존의 '마루가메 제면' 광고는 맛을 전달하기 위해, 우동의 쫄깃쫄깃한 식감이나 재료의 압도적인 시즐감을 표현해 왔습니다. 한눈에 "맛있어 보인다"는 인상을 주었습니다.

반면 '마루가메 셰이크 우동' 광고에서는 재미와 설렘이 전달되는 비주얼로, 제품의 생동감을 느낄 수 있습니다. 이처럼 제품이 가진 '신선·체감'의 가치를 시각적으로 표현할 수 있다면 많은 사람들의 관심을 끌 수 있습니다.

정리

- ☐ 신선함을 느끼거나 오감이 자극을 받아서 구매욕을 자극하는 트리거.
- ☐ '공장 직송'처럼 신선한 제품을 고객에게 직접 전달하거나, BGM으로 매장의 활기를 느끼게 하는 등 오감을 자극하는 연출이 효과적이다.
- ☐ '마루가메 셰이크 우동'은 테이크아웃 시장에서 '셰이크'의 재미를 더해, 여성과 어린이 등 새로운 고객층 확대를 이끌어냈다.
- ☐ 신선·체감을 더 많은 사람들에게 전달하려면, 오감으로 인지할 수 있는 정보로 바꾸는 것이 중요하다.

2부

"사야겠다"는 마음을 끌어올리는 7개의 트리거
REASON & BOOST

08

놓치면 후회할 한정판!
희소가치

【정의】
지금 바로 사야 하는 이유가 있어서 구매욕을 자극하는 트리거. 감정에 호소해서 충동구매를 환기하는 것이 아니라 사야 할 이유를 소비자에게 제시하는 이성적 접근. REASON & BOOST에 속한다. 계속 미루다가 결국 사지 않게 되는 경우를 방지하고, 사야 할 이유를 제공하는 범용적 트리거.

궁합이 잘 맞는 카테고리

 식품·음료

 슈퍼마켓

 미용 관련·화장품

사지 않으면 손해?!
지금 사야만 하는 이유

'희소가치'를 알고 구매 의욕이 생기는 순간은 다음 세 가지입니다.

① 기간 한정으로 제공되는 '득템'일 때.
② 지금 바로 사야 할 이유가 있을 때.
③ 작지만 분명한 희소가치가 있을 때.

각각 살펴보겠습니다.
① 기간 한정으로 제공되는 '득템'일 때.

이것은 특히 온라인 쇼핑몰의 확산과 함께 커진 포인트입니다. 소비자는 온라인 쇼핑몰 보급으로 항상 구매 가능한 환경에 접근할 수 있어서, 24시간 365일 쇼핑이 가능해졌습니다. 최근에는 '블랙 프라이데이 세일'이나 '연중 최대 한 번의 빅 세일' 등 온라인 쇼핑몰을 중심으로 시간 한정 세일이 개최되고 있습니다. 쉽게 쇼핑을 할 수 있는 만큼, 세일 기간에 뭔가를 사지 않으면 손해를 본다는 느낌을 가지는 소비자도 많을 것입니다.

저도 인터넷 사이트에서, 제가 이전에 검색한 상품을 기준으로 맞춤형 타임세일 알림이 오면 하루 종일 신경 쓰이고 결국 구매하게 되는 경우가 종종 있습니다. 오프라인 매장에서 소비자들은 '지금 하나 더 사면 2개째부터는 20% 할인' 등과 같은 문구를 보았을 때, 한시적인 혜택에 매료되어 구매 욕구가 커지는 경우가 있습니다. "지금 구매하면 ○○도 드립니다", "지금 구매하면 무료로 이름을 새겨드립니다"와 같은 사은품도 한시적 혜택의 일종입니다.

최근에는 가변적 가격 책정으로 알려진 다이내믹 프라이싱(Dynamic Pricing)

이라는 개념도 주목을 받고 있습니다. 수요와 공급의 변화에 따라 상품이나 서비스의 가격을 탄력적으로 조정하는 방식인데, 수요가 많을 때는 가격을 올리고 적을 때는 가격을 내립니다.

호텔이나 민박집에서는 예전에도 연말연시나 황금연휴 때 가격을 올려서 성수기 요금제를 제시했습니다. 기술의 발전으로 지금은 그 외의 시기에도 수요를 세밀하게 감지해서 가격을 자동으로 변동시키는 시스템이 점차 도입되고 있습니다. 이미 스포츠 경기 티켓 판매에 적용되고 있는데 앞으로는 자판기, 코인 세탁소 등 다양한 서비스 분야로 확산될 것입니다. 평소보다 싼 가격을 발견하면 바로 구매하는, 이런 소비 방식이 일상에서 늘어나리라 예상됩니다.

놓치면 끝
지금 바로 사야 하는 이유

② 지금 바로 사야 할 이유가 있을 때.

어쩌다 "이거 괜찮은데"라고 마음에 드는 물건을 우연히 발견해도, 평소 꼼꼼히 따져보고 구매하는 습관이 있는 사람은 즉시 구매하는 데 거부감이 있어서 망설입니다. 이러다 보면 결국 구매하지 않고 지나가는 경우도 많습니다. 이런 경험을 다들 한 번쯤은 해보셨을 것입니다. 소비자가 지금 바로 구매해야 하는 이유는 여러 가지입니다. 그중 몇 가지 사례를 소개하겠습니다.

항상 품절이라 사지 못했던 물건을 우연히 발견했을 때는, 지금 사지 않으면 다시는 못 살지도 모른다는 생각이 듭니다. 인기 상품을 한 번이라도 놓쳐본 적이 있는 사람일수록 이런 마음이 더 클 것입니다.

예를 들어 유명한 호텔의 예약 사이트를 보다가 지금 예약하지 않으면 만실이 될지도 모른다는 조바심 때문에, 예약하려고 생각했던 것보다 한 등급 높은 방을 예약했더니, 평소보다 좋은 체험을 할 수 있어서 오히려 만족감이 높았다는 경우가 있습니다.

인기 상품 외에는, 요일 한정 판매가 비슷한 예라고 생각합니다. 우연히 관심을 가지게 된 상품이 있는데 오늘(화요일)만 판매한답니다. 내일은 살 수가 없고, 다시 구하려면 한 달을 기다려야 합니다. 이런 경우에도 소비자는 '지금 당장 사야 할 이유'를 느낍니다.

"○○ 한정판"은 소비자의 구매욕을 자극한다

③ 작지만 분명한 희소가치가 있을 때.

'○○ 한정판'이라는 문구가 있으면, 소비자들은 "지금 사야 할까?", "한번 써보고 싶다"는 욕심이 생깁니다.

예를 들어, 아침용 음료나 야간용 음료(시간대 한정판), 운동선수 모델의 스니커즈(인물 한정판) 등 소비자는 자신에게 와 닿는 '한정판 물건'을 발견하면, 희소가치를 느끼고 한번은 써보고 싶은 마음이 생기기 마련입니다.

그 외에도 다음과 같은 사례들이 있습니다.

- '한정판 컬러'의 수건을 판매한다니, 왠지 사고 싶다.
- 좋아하는 연예인과 콜라보한 과자에 '한정판 사은품'이 들어 있다고 하니, 왠지 사고 싶다.
- '계절 한정판' 향의 입욕제가 판매되고 있다고 하니, 왠지 사고 싶다.

이런 상품들은 품절되면 다시는 구할 수 없는 경우가 많기 때문에 "지금 사지 않으면 없어질지도 모른다", "내년에는 다시 안 나올 수도 있다"는 생각이 들어 지금 바로 사두고 싶은 마음이 커지기 마련입니다. 또한 예로 든 운동선수 모델 상품 등은 가지고 있는 것만으로도 기쁨이기 때문에 수집하고 싶은 욕구까지 자극해서 결국에는 손이 가게 됩니다.

'5W1H'를 활용한 한정판 상품과 '오직 하나'라는 느낌의 희소가치

마지막으로 희소가치 트리거를 효과적으로 공략할 수 있는 두 가지 요령을 소개하겠습니다.

첫 번째는 '5W1H'를 활용한 희소가치 조성입니다. 5W1H는 영어의 6개 의문사 Who(누가), What(무엇을), When(언제), Where(어디서), Why(왜), How(어떻게)로, 이른바 상황을 분석하거나 정보를 구성할 때 쓰는 기본적인 프레임워크입니다. 수량, 시간, 장소, 사람 등에 주목해서 'ㅇㅇ 한정판'을 연출하는, 접근하기 쉬운 아이디어 발상입니다.

예를 들면 다음과 같습니다.

- 아침과 밤 '시간 한정판'.
- 이 지역, 이 가게에서만 파는 '장소 한정판'.
- ㅇㅇ 선수라는 '인물 한정판'.

희소가치 트리거를 자극할 수 있는 아이디어로 이어지는데, 이와 같은 여러

'○○ 한정판'을 찾아서 소비자로부터 "지금 사고 싶다"는 마음을 끌어내야 합니다.

두 번째는 '**단 하나라는 느낌**'으로 **희소가치를 연출**하는 것입니다. 수량 한정의 궁극적 형태라고 할 수 있습니다. 비록 대량 생산품일지라도, 제조할 때 조금의 정성을 더해서 '세상에 단 하나뿐인 물건이라는 느낌'을 연출할 수 있습니다.

예를 들어 출판 업계에서는, 저자가 사인한 '단 하나뿐인' 책을 판매하는 발매 프로모션이 자주 이루어집니다. 그 외에도, 제품에 시리얼 넘버를 부여해서 '단 하나뿐인 느낌'을 연출하기도 합니다. SNS에서 자신의 컬렉션을 사진으로 공개할 때 '일련번호'를 함께 올리는 소비자들도 많습니다. 그 외 다른 상품에서도, 증명서나 감정서와 같은 것을 더해 가치를 높일 수 있습니다.

정리

- 희소가치는 지금 바로 사야 하는 이유가 있어서 구매욕을 자극하는 트리거.
- 소비자가 희소가치를 느끼는 순간은 '한정된 기간 동안의 혜택', '지금 사야 하는 이유', '작지만 분명한 희소가치'가 있을 때.
- 온라인 쇼핑몰의 확대로, 희소가치 트리거의 중요성은 앞으로도 높아질 것 같다.
- 5W1H에 주목해 한정판이라는 점을 부각하고, 희소가치를 연출하는 전략이 효과적.

09

나한테 딱 맞는 것을 원한다
커스터마이제이션

【정의】
"나에게 딱 맞는 것 같다"고 느끼는 순간 구매욕이 자극된다. REASON & BOOST 에 속한다. 자신의 입장에 맞는 상품을 제안 받거나, 상품에 자신의 취향을 더할 수 있는 여지가 있으면 매력적이다. 상품의 기능이나 브랜드 이미지의 차별화뿐 아니라 '나만을 위한 것'이라는 이유가 있으면 더 사고 싶어진다.

궁합이 잘 맞는 카테고리

 가구·인테리어

 전문점·백화점

 취미와 관련된 상품
(책/음악/영상/동영상 등)

"이거 완전 나잖아!"
자신에게 딱 맞다고 느끼면 갖고 싶어진다

'커스터마이제이션(customization)'(고객의 취향·필요에 맞게 제품·서비스를 맞춤 설정·제작하는 것)이라서 구매하고 싶어지는 순간은 다음 두 가지입니다.

① 자신에게 딱 맞아서 갖고 싶을 때.
② 자신의 의견이나 취향을 반영할 수 있을 때.

각각 살펴보겠습니다.
① 자신에게 딱 맞아서 갖고 싶을 때.
평소에는 아무 생각 없이 사는 물건이라도, 자신의 현재 상황이나 컨디션에 맞는 상담을 받으면 좀 더 적합한 것을 선택하고 싶어집니다.
이를테면 다음과 같은 예를 들 수 있습니다.

- 백화점에서 피부 진단을 받고, 나에게 맞는 화장품을 고른다.
- 발 크기를 재고, 발에 부담이 적은 신발을 선택한다.

이상은 제가 직접 경험하고 실제로 상품을 구매한 예입니다.
신발의 경우, 첫 마라톤 대회에 참가하려고 러닝화를 고를 때, 발 사이즈를 정확히 알기 위해 스포츠 전문점에서 사이즈를 측정했습니다.
평소에 신는 가벼운 러닝화는 그렇게까지 하지 않고 디자인 위주로 고르지만, 마라톤 대회라면 이야기가 달라집니다. 42.195km를 완주하기 위해서 조금이라도 발에 부담을 덜어주는 러닝화를 신고 싶었기 때문입니다.

그때 오른발이 조금 더 크고 발등이 낮은 편이라는 사실을 알게 되었습니다. 직원은 나에게 맞는 모델을 추천하면서 오른발이 편한 신발을 선택하라는 조언도 했습니다. 결과적으로 사이즈는 평소와 같았지만, 실제로 자신의 발을 알고 선택했기 때문에 마라톤을 완주할 수 있다는 자신감으로 이어졌습니다.

이렇게 조금 특별한 상황이거나, 어떤 문제를 해결하고 싶다는 생각이 있을 때일수록 "그냥 아무렇게나"가 아니라 "나에게 딱 맞는 것을 제대로 고르고 싶다"는 욕심이 생깁니다.

최근에는 "기분 전환을 하고 싶다", "편안해지고 싶다", "집중하고 싶다" 등 기분에 따라 선택할 수 있는 상품들이 많습니다. 특히 음료나 입욕제 같은 카테고리에서 많이 볼 수 있는데, Z세대를 대상으로 한 제품들이 두드러집니다. Z세대의 다양한 감정에 공감하고 기존 제품과 차별화해서 '나와 깊은 연관이 있는 제품'이라는 인식을 심어줌으로써 구매 욕구를 자극합니다.

나의 이야기를 들어주면 기쁘다

② 자신의 의견이나 취향을 반영할 수 있을 때.

인터넷의 보급으로 제조 업체와 소비자가 직접 연결되고, 의견을 서로 주고받기가 쉬워졌습니다. 예를 들어 신제품의 아이디어나 개선점, 재판매 요청 등을 게시할 수 있는 제조 업체의 홈페이지가 늘어나고 있습니다.

나아가 기업은 이렇게 투고된 글을 수용해서 제품 개발이나 마케팅에 활용합니다. 이른바 CGM(Consumer Generated Media, 소비자 생성 미디어)'으로 발전시켜, 상품 개발의 공동 창작 플랫폼으로 활용하는 사례도 있습니다.

- "이런 게 있으면 좋겠다"라는 아이디어 투고.
- 다른 이용자가 "좋아요"를 누를 수 있는 시스템.
- 제조사 담당자의 답변.
- 실제로 의견이 반영된 제품 소개.

이런 시스템을 통해서 소비자들끼리도 연결됩니다. 제조사 입장에서는 조사만으로는 파악하기 어려운 잠재적인 니즈를 발견할 수 있다는 장점이 있고, 소비자 입장에서는 "내 의견에 공감하는 사람들이 있다", "내 아이디어가 실제로 상품화되었다"라는 경험을 통해 제조사에 대한 깊은 애정이 생기고 '긍정적인 순환'이 이루어집니다. 또한 '취향'을 반영한 사례로는, 커스터마이즈(customize, 고객이 원하는 방식대로 제품·서비스를 '직접 조정·설정'하는 것)와 퍼스널라이즈(personalize, 시스템이 고객 정보를 기반으로 '자동 개인화' 해주는 것) 서비스가 늘어나고 있습니다.

- 맞춤 제작 샴푸: 모발 상태, 두피 상태, 선호하는 향을 가지고 제작.
- 스니커즈 커스터마이즈: 부위별로 원하는 색상을 선택한 디자인.
- 맞춤 제작 베개: 자세와 머리 모양에 맞게 맞춤.

커스터마이즈나 퍼스널라이즈는 대량 생산이 어려워 생산에 손이 많이 가기 때문에 가격이 비쌀 수밖에 없지만, 그럼에도 불구하고 '나만의 것'이라는 가치에 매력을 느끼는 사람들이 적지 않습니다.

이런 분위기 속에서 자신의 취향에 맞게 커스터마이즈할 수 있는 고가의 샐러드를 선보여서 사업을 확장해나가고 있는 성공 사례를 소개하겠습니다.

성공사례

주식회사 CRISP, '크리스피 샐러드 웍스'

자신의 취향대로
커스터마이즈할 수 있는 샐러드

커스터마이제이션 트리거의 대표적인 사례로, 잘게 썬 채소나 고기 등을 자신이 원하는 대로 커스터마이즈할 수 있는 샐러드 전문점 '크리스피 샐러드 웍스'를 소개합니다.

2014년에 창업하여 현재 도쿄, 가나가와, 오사카 등 3개 지역에 총 30개 매장을 운영하고 있습니다. (2025년 1월 기준)

주메뉴는 처음부터 재료를 직접 조합할 수 있는 '커스텀 샐러드'와 가게에서 준비한 다양한 '시그니처 샐러드'가 있습니다. '시그니처 샐러드' 역시 내용물을 자신의 취향에 맞게 선택할 수 있는 것이 특징입니다.

커스터마이즈할 수 있는 범위는 베이스(로메인 상추나 시금치 등), 토핑(직접 만든 크루통이나 옥수수 등), 드레싱(시저 드레싱이나 마일드 스리라차 드레싱 등) 등 샐러드를 구성하는 모든 재료를 바꾸거나 추가하거나 빼는 등 자유롭게 선택할 수 있습니다. 또한 선택할 수 있는 종류가 매우 다양하며, 특히 드레싱이 독특합니다.

얼마나 많은 사람들이 커스터마이즈하는가 하면, 무려 주문자의 80%가 어떤 형태로든 커스텀을 더하고 있다고 합니다. "자신의 취향이나 의견을 반영할 수 있다"는 점이 구매 결정의 중요한 요인이 되고 있음을 알 수 있습니다.

예를 들어 아보카도와 새우는 궁합이 맞는 조합으로 자주 사용되는데, 아보카도는 좋아하지만 새우는 싫어하는 사람도 간혹 있습니다. 이런 니즈에 잘 대응하고 있는 것입니다. (참고: 구매한 상품보다 낮은 금액의 토핑으로 변경해도 금액이 차감되지는 않습니다.)

샐러드라고 하면 주로 젊은 여성을 대상으로 생각하기 쉽지만, 실제 고객층은 남성과 여성이 거의 반반 정도이며, 연령대로도 30대가 주를 이루고 있습니다.

▌ (좌) "내 취향에 꼭 맞는 샐러드를 만날 수 있다"는 콘셉트. (이미지 제공: CRISP)
▌ (우) 건강 관리에 민감한 비즈니스맨들 사이에서도 인기가 많다. (이미지 제공: CRISP)

출점 전략도 독특합니다. 1호점은 도쿄의 고급 주거 및 상업 지역의 하나인 아자부의 대로변에 오픈했는데, 지금은 오피스 빌딩이나 오피스가 밀집한 지역에 집중적으로 출점하고 있습니다. 단골손님으로 직장인 많다는 사실을 알았기 때문입니다.

예를 들어 "오늘 저녁은 회식이니 점심은 크리스피 샐러드 웍스에서 먹자"는 식으로, 건강을 생각하면서 제대로 식사하고 싶은 사람들의 요구를 잘 포착하고 있습니다. 자신의 배고픔 정도에 따라, 남성들도 만족할 수 있게 토핑을 추가할 수 있는 커스터마이즈 기능이 비즈니스맨들 사이에서 인기를 끌고 있는 것입니다.

또한 '이용 빈도'와 '커스터마이즈'의 관계에서 흥미로운 점은, 이용 횟수가 적은 사람일수록 이거저거 선택을 더 많이 한다는 사실입니다. 이것저것 시도해보면서 자신의 취향을 찾아가는 것입니다. 이런 과정을 통해 자신이 좋아하는 조합을 발견하면, 계속 그것으로 고정해서 '과거의 구매 이력'이라는 버튼 하나로 주문하는 경향을 보입니다.

어떻게 고객의 행동 패턴을 파악할 수 있을까요? 이것은 모바일 앱을 통한 주문이나 매장 내 셀프 주문 기기를 통해 모든 주문이 이루어지기 때문입니다. 이로 인해 고객의 행동 패턴이 데이터로 축적되고 있는 것입니다.

　예를 들어, 생일 쿠폰을 이용하면 제품 포장에 "생일 축하합니다!"라는 손글씨 메시지를 적어주기도 합니다. 이런 메시지 서비스는 고객들로부터 큰 호응을 얻고 있으며, "정말 기뻤다"는 반응이 많습니다. 이처럼 상품만이 아니라 응대 서비스에서도 고객의 상황에 맞춘 커스터마이제이션을 제공함으로써 구매욕을 자극하고 있습니다.

개개인에 주목해서
어떤 데이터를 수집해야 할 것인지 생각한다

커스터마이제이션 트리거를 공략할 수 있는 포인트를 정리해 보겠습니다.

지금까지 살펴본 바와 같이, 커스터마이제이션을 만들어내기 위해서 가장 중요한 것은 고객의 데이터를 수집하는 일입니다.

데이터는 다음과 같이 여러 종류로 나눌 수 있습니다.

- 구매 데이터: "구매했다"는 사실.
- 데모그래픽 데이터: '누가' 구매했는가? (예: 나이, 성별, 거주지 등)
- 사이코그래픽 데이터: '취향'이나 '가치관'.
- 행동 데이터: '언제, 어디서' 구매·이용했는가?
- 측정 및 상담 데이터: 현재의 상태, 건강, 컨디션 등.
- 니즈 데이터: "이것을 갖고 싶다!"와 같은 구체적인 바람.

데이터를 활용해서 개개인의 커스터마이제이션 상품이나 서비스를 제공할 수 있습니다. 또한 축적한 데이터를 분석해서 패턴을 만들고 많은 사람들에게 딱 맞는 상품 개발도 가능합니다.

데이터를 모으고 고객의 경향을 파악해서 패턴을 만들 수 있다면 많은 사람들에게 딱 맞는 상품이나 서비스를 개발할 수 있는 가능성도 높아집니다.

단, 무작정 데이터를 모으는 것만으로는 제대로 활용할 수 없습니다.

① 고객의 만족도를 높이기 위해서 무엇을 제공하고 싶은가?
② 그 목표를 위해 어떤 데이터가 필요한가?

먼저 이 두 가지를 명확히 정하고, 효과적으로 데이터를 활용하도록 합시다.

정리

- 커스터마이제이션은 나한테 딱 맞아서 구매욕을 자극하는 트리거.
- 핵심 요소는 "자신이 처한 상황에 꼭 맞아서 갖고 싶다", "자신의 의견이나 취향이 반영되면 사고 싶다"는 두 가지.
- 개인의 상태를 측정해서 제안하는 '측정 & 카운슬링 서비스'와, 취향이나 의견을 수집해서 상품에 반영할 수 있는 '앱과 플랫폼의 개발'이 확대되고 있다.
- 커스터마이제이션 트리거를 위해서는 고객 데이터 확보가 핵심. 어떤 서비스를 제공하고 싶은지, 그 서비스를 위해 어떤 데이터를 확보해야 하는지 잘 고민해야 한다.

10

예상 밖의 놀라움이 지갑을 열게 한다
일탈 충격

【정의】
기대치를 초월하는 체험이나 상품에 충격을 받아서, 또는 일상에서 벗어난 느낌이 좋아서 구매욕을 자극하는 트리거. REASON & BOOST에 속한다. 과거의 구매 경험을 통해 갖게 된 기대치나 기준 이상의 제안을 받으면 기분이 좋아져서 소비자는 지갑을 쉽게 연다. 쇼핑을 하다가 놀라움이나, 비일상성을 느끼는 순간에 의외로 이성적인 판단을 통해 만족감이 높아지는 것이다.

궁합이 잘 맞는 카테고리

 가구·인테리어

 가전·전자제품

 미용 관련·화장품

 전문점·백화점

여행 중, 평소에는 사지 않는 것까지 사게 되는 이유

'일탈 충격' 때문에 구매로 이어지는 순간은 다음 두 가지입니다.

① 일상적이지 않은 일을 체험하고 마음이 설렐 때.
② 구매 후기를 보고 기대감이 높아졌을 때.

각각 살펴보겠습니다.
① 일상적이지 않은 일을 체험하고 마음이 설렐 때.
사람들은 쇼핑을 할 때 어느 정도 기대와 예측을 합니다. 각자 이제까지의 쇼핑 경험으로부터 축적된 기준을 가지고 있습니다.
이를테면 다음과 같은 예를 들 수 있습니다.

- 이 정도의 상품이라면 ○○원 정도일 거라는, 가격에 대한 기준.
- 초콜릿이라면 진열대 한 면은 가득 채우고 있을 것이라는, 상품 구성에 대한 기준.
- 이 브랜드라면 안심할 수 있다는, 품질에 대한 기준.

소비자는 자신이 가지고 있는 기준을 능가하는 제안을 받으면, 긍정적 충격으로 마음이 움직이고 구매하고자 하는 스위치가 켜집니다. 따라서 쇼핑 중에 이런 체험을 하면 의외로 이성적인 판단 아래 기분이 좋아집니다.
경험이 많지 않아서 축적된 기준이 쉽게 무너지는 바람에 구매 스위치가 켜지는 순간은, 여행을 할 때입니다. 여행 중에는 구매 예정에 없던 물건까지 마구 사버리는 경험을 여러분도 했을 것입니다.

저도 크리스마스 마켓에서 눈사람 장식과 민예품 램프 등을 구매한 경험이 있습니다. 평소 동네 가게에서는 눈길도 주지 않았던 물건들을 여행지에서 사버린 것입니다. 게다가 차마 버리지 못해서 집 한구석에 여행의 추억 컬렉션을 진열하는 공간을 만들었습니다.

이렇게 쇼핑은, 필요한 물건이나 갖고 싶었던 것만 사는 게 아니라, 일상에서 벗어난 '설렘'이나 '추억'을 '모양'으로 남기는 수단이기도 합니다.

구매 후기는 좋든 나쁘든
충격의 간접 체험

② 구매 후기를 보고 기대감이 높아졌을 때.

구매 후기가 어떻게 '일탈 충격'과 관계가 있는지 풀어 보겠습니다.

상품 구매를 결정짓는 요인에 대해 조사를 해보면, 참고가 되는 정보로 '구매 후기'를 꼽는 사람이 많습니다. 예전에는 가족이나 친구들에게 의견을 듣는 경우가 많았지만, 최근에는 SNS나 온라인 쇼핑몰의 리뷰 등 다양한 곳에서 구매 후기를 접할 수 있습니다.

사람들이 언제 구매 후기를 올리고 싶은가에 대해서 알아본바, 예상 이상으로 좋았던 경우나 반대로 기대에 미치지 못해 실망했던 경우가 대부분이었습니다. 따라서 후기는 크고 작은 '충격 체험'의 집합이라고 할 수 있습니다.

구매 후기를 작성하는 사람은 전체 소비자 중 일부에 불과하지만, 그것을 읽는 사람 역시 간접 체험 중이라는 사실을 무시할 수 없습니다. 구매 후기라는 충격 체험의 에피소드를 통해, 이것을 읽은 사람도 '쇼핑에 대한 자신만의 기준'을 가집니다.

구매 후기에서 어떤 점을 중시하는지, 또 어떤 정보를 소중히 생각하는지는, 대상의 상품이나 서비스에 따라 다릅니다.

구매 후기의 '양'을 신경 쓰는 경우도 있고, '내용'을 더 중요시하는 경우도 있습니다. 예를 들어 스킨케어 제품의 경우, 후기가 아무리 좋아도 후기의 수가 적으면 "과연 내 피부에 맞을까?"라는 불안감이 생겨 구매 의욕이 떨어집니다.

따라서 스킨케어 신제품을 출시할 때는 인플루언서에게 제품이나 샘플을 무상으로 제공하고 좋다고 생각되면 후기를 작성해달라고 요청하는 '기프팅' 전략을 쓰기도 합니다. 또한 매장 판매보다 온라인 쇼핑몰에서 먼저 판매를 시작해서, SNS나 인터넷에 리뷰가 올라오도록 유도하는 전략도 자주 씁니다.

어느 정도 리뷰가 올라온 다음에 매장 판매를 시작하면, 매장에서 신제품을 처음 본 고객이 현장에서 검색을 했을 때, 이미 몇 개의 사용 후기가 올라와 있어 그 내용을 참고하고 구매를 결정하는 데 도움이 됩니다.

또한 구매 후기의 '내용'에 대해서는 좋은 리뷰만으로 상품을 판단하지 않고, 부정적인 리뷰를 일부러 찾아서 읽는 사람도 있습니다. 부정적인 요소가 자신이 받아들일 수 있는 범위 내의 것인지 판단한 후 상품의 구매를 결정합니다. 이것은 상품에 대한 '기대치'를 스스로 조절하는 행동이라고 할 수 있습니다.

구매 후기는 제품을 구매하기 전뿐만 아니라 구매한 후에도 자주 접하게 되었습니다. 구매 후에 새로운 후기를 보면서 자신이 좋아하는 제품의 장점을 확인하고 기분이 좋아지는 경우도 많습니다. 이런 경험은 다음에도 같은 제품을 재구매하려는 마음이 커지는 효과를 낳습니다.

성공사례 | 도큐 부동산 주식회사, '도큐 플라자 하라주쿠 하라카도'

도심 한가운데에 '대중목욕탕'과 '하랏파' 특별한 체험을 창조

'일탈 충격'의 사례로는, 2024년 4월 17일에 개업한 도큐 플라자 하라주쿠 '하라카도'(이하 하라카도)를 소개합니다.

이 복합 상업시설은 메이지도오리와 오모테산도의 교차로(이 지역은 패션, 문화, 관광의 장으로, 국내외 방문객이 많고 활기가 넘침) 코너에 있는데, '대중목욕탕'이 입점했다는 사실로 큰 화제를 모았습니다. 도심 한복판에 자리 잡은 대중목욕탕은, 장소와 시설의 이색적인 조합을 경험해본 적이 없는 많은 사람들에게 놀라움을 안겨주었습니다. 일상적이지 않은 분위기로 사람들의 마음을 설레게 한 것입니다.

왜 대중목욕탕을 넣었을까요? 도큐 부동산(東急不動産)은 "상업시설은 그 지역에 사는 사람들의 커뮤니티 공간으로서 역할을 담당해야 한다"는 개발 이념을 가지고 있었기 때문입니다. 일본에서는 대중목욕탕을 '센토(錢湯)'라고 하는데, 목욕을 하는 목적만이 아니라 일상적으로 지역 주민들이 교류하는 장이기도 합니다.

시설 입장에서는 대중목욕탕이 수익을 낼 수 있는가에 대한 고민도 있었습니다. 여기서 찾은 곳이 도쿄 고엔지에 위치한 '고스기유(小杉湯)'(1933년에 창업. 신사와 같은 모양의 지붕을 가진 센토의 대표적 목조 건물. 2021년 국가 지정 유형 문화재로 등록됨. 2003년부터 갤러리 공간 마련. 예술 전시를 비롯해서 단순한 목욕탕이 아니라 지역문화와 예술 커뮤니티가 살아 숨 쉬는 공간으로 거듭남)라는 오래된 대중목욕탕입니다. 일본의 대중목욕탕 문화를 계승한다는 사회적 사명감을 가지고 있으며, 이용 요금뿐 아니라 기업 광고와 결합해서 수익을 올리는 새로운 방식으로 다음 세대에 바통을 이어준다는 계획을 가지고 있었습니다. 도큐 부동산은 이 이야기를 듣고, 새로운 사업 모델로 성립할 수 있다고 판단하여

▌ 한눈에도 놀라움이 가득한 하라카도. (이미지 제공: 도큐 부동산)

▌ 대중목욕탕은 사람과 사람을 이어주는 장소이다. (이미지 제공: 도큐 부동산)

임대를 결정했습니다.

놀라운 건 대중목욕탕만이 아닙니다. '하랏파(原っぱ)'(공터, 들판이라는 뜻인데, 말 그대로 탁 트인 공간임)라는 이름의 공공장소가 한 층을 다 차지하고 있습니다.

예술 작품과 다양한 식물로 꾸민 카페도 있는 개방적 공간입니다. 아이를 데리고 나온 가족이 예술 작품 곁에서 놀고, 하라주쿠를 찾은 사람들이 카페에서 차를 마시고, 여행객이 사진을 찍고, 직장인들이 만남을 가지는 등, 여러 사람들이 다양한 모양으로 하랏파에서 시간을 보냅니다.

상업시설인데 매장이 아닌 휴식 공간이 펼쳐져 있다는 점이 놀랍고, 그래서 평범하지 않다는 느낌을 선사합니다.

이것이 고객에게도 잘 전달되어서, 하라카도의 리뷰에는 "장사를 하고 있다기보다는 재미난 장소를 제공하고 있다는 이미지"라는 말이 있습니다.

'상업시설의 미디어화'로 새로운 수익 모델
창의적인 자극이 넘쳐나다

개성 있는 점포로 가득 찬 하라카도의 콘셉트는, '다양한 사람들의 감성을 자극하는 새로운 하라주쿠 문화의 창조와 체험의 장'입니다.

하라주쿠(영 패션과 서브 컬처의 성지)와 진구마에(하라주쿠에 인접하며 예술, 디자인, 카페 문화가 발달한 곳) 지역의 문화적 배경을 중요하게 이어가고 있습니다. 이제는 사라졌지만 1960~1970년대에 디자이너, 사진작가, 배우, 음악가, 카피라이터 등 시대를 대표하는 크리에이터들의 활동 거점이었던 '하라주쿠 센트럴 아파트', 하라주쿠 kawaii(10대에게 인기 있는 귀엽고 앙증맞고 개성적인 스타일) 문화의 발신지인 '다케시타 거리(竹下通り)', '캣 스트리트'(힙한 로컬 브랜드와 카페들로 유명함) 등에서 다양한 창작 활동이 탄

▌ 자유롭고 개방적인 공간 '하랏파'. (이미지 제공: 도큐 부동산)

생했습니다. 하라주쿠에 위치한 하라카도는 일상의 체험 속에서 크리에이티브한 자극을 주며, 이런 분위기를 즐기면서 소비 체험을 제공하는 것이 콘셉트입니다.

또 하나의 특징은, 상업시설의 '미디어화'입니다. 하라카도가 개발 중이던 2020년은, 코로나19 팬데믹이 한창이었던 시기입니다. 전자상거래가 더욱 친숙해지는 가운데, 상업시설이라는 현실적 공간의 의의를 다시 생각하게 되었고, 단순히 '공간을 임대하는' 것이 아니라 사업 모델로 전환할 필요가 있었습니다. 그래서 주목한 것이 '입지'였습니다. 연간 8,900만 명이 통행하는 하라주쿠와 오모테산도(오모테산도 거리는 좀 더 고급스러운 부티크, 카페, 브랜드숍이 많아 '도쿄의 샹젤리제'라고도 불림)의 교차점이라는 강점과, c창의적이고 영향력 있는 사람들이 많이 오가는 지역의 특성을 활용할 것입니다. 이런 강점을 활용해 체험형 PR 중심의 이벤트 공간으로 부가가치를 창출했습니다. 이를 통해 브랜드 가치를 높이고, 미디어로서 '유일무이한' 공간을 조성하는 데 성공했습니다.

하라카도는 입점 업체 운영 방식도 독특합니다. 시설 운영자가 기획을 하고 임차인에게 전달하는 피라미드형 구조가 아니라, 임차인들끼리 연계하여 협업하고 공동 창작이 자발적으로 이루어지는 수평적인 구조를 지향합니다. 이를 실현하기 위해 임차인 간의 연결을 도와주는 커뮤니티 매니저를 채용하고 있습니다. 최근에는 기업이 고객과 소통하기 위해서 팬 커뮤니티(이를테면 SNS 등)를 운영하는 경우도 많습니다. 팬 커뮤니티를 운영하면서 원활한 커뮤니케이션을 수행하는 사람이 바로 커뮤니티 매니저입니다. 하라카도의 커뮤니티 매니저는, 입점 업체들의 수평적 연계가 자연스럽게 이루어지도록 반상회나 동아리 활동과 같은 구조를 만들어 운영하고 있습니다.

그 결과 입주자들 간의 콜라보 이벤트 등이 자발적으로 만들어지고 있습니다. 지금까지의 일반적인 상업시설과 다른 모양의 새로운 조합은, 고객들에게 예측 가능한 일상이 아닌 놀라움과 자극이 있는 체험을 지속적으로 제공하는 구조가 되었습니다.

창과 방패와 같은 관계로
놀라움을 선사한다

소비자들에게 놀라움이나 비일상성을 선사하려면 어떻게 해야 할까요? 고민만 하다 보면 아이디어는 떠오르지 않고 생각이 멈춰버립니다.

충격을 가하기 위해서는 조합이 중요합니다. 앞에서 언급한 하라카도의 사례를 보면, '도심 한가운데'에 자리한 '대중목욕탕'이라는 공간과 시설의 조합은 충격 그 자체였습니다. 그래서 '놀라움'을 선사했습니다.

더 깊이 들어가보면 '최신 트렌드가 모여 있는 도심'에 '옛스러움과 정겨움이 느껴지는 대중목욕탕'이라는 **상반된 조합이 놀라움을 만들어내고 있습니다.** 이는 마치 중국 고전 『한비자』에 등장하는 창과 방패 같은 관계입니다.

서로 모순되는 요소의 결합이 주는 의외성이라고 할 수 있습니다. 의외성이 클수록 사람들은 당연하다고 여기는 기준을 능가하는 충격과 일탈을 체험합니다.

관심을 끌어서 구매로 이어지게 하는
구매 후기

또 하나 트리거를 자극하는 방법은, **놀라움을 간접 체험할 수 있는 후기를 구매 과정의 여러 단계에서 활용**하는 것입니다.

구매 과정은 인지 → 관심 → 비교 검토 → 구매까지, 크게 네 단계로 나눌 수 있습니다. 구매 후기는 주로 검색을 통해 리뷰 사이트 등에서 확인하기 때문에, 과정의 중간 단계인 비교 검토 시점에서 많이 활용합니다.

그런데 광고나 매장 내 POP 홍보물에 활용하는 것도 한 방법입니다. 물론 리뷰 작성자의 동의가 전제되어야 합니다. 구매 후기를 광고에 활용하면 관심을 유도할 수 있고, 매장 POP 홍보물에 활용하면 관심뿐 아니라 실제 구매를 유도하는 데도 효과적입니다.

소비자의 쇼핑에 관한 인터뷰에서, "SNS에서 리뷰을 보고 구매했어요!"라고 답하는 사람들이 상당히 많습니다. 이전에도 해당 상품을 알고는 있었지만 구매까지는 고려하지 않았던 사람들이, 호의적인 구매 후기를 보거나 화제가 되고 있다는 사실을 알면 관심을 가지게 되고 더 자세히 알아보는 경우가 있습니다. 또한 구매를 망설이고 있는 사람에게는, 구매로 이어지는 결정적인 계기를 제공하기도 합니다.

이처럼 누군가에게 전하고 싶은 놀랍고 충격적인 구매 후기를 남기면, 구매 과정의 어느 단계에서든 구매 욕구를 증폭시키는 데 일조합니다.

정리

- '일탈 충격'은, 기대를 능가하는 체험이나 상품에 충격을 받거나 특별하다는 생각에 구매로 이어지는 트리거.
- 과거의 경험에서 축적된 기대치 이상의 제안을 받으면 기분이 좋아진다. 의외로 이성적인 판단 아래 기분이 상승하기 때문에 REASON & BOOST에 속한다.
- 구매하고 싶은 순간은, 일상에서 벗어난 특별한 체험으로 설레거나, 리뷰를 보고 기대감이 높아졌을 때.
- '일탈 충격' 트리거를 자극하기 위해서는 '창'과 '방패'의 관계를 생각하거나, 리뷰를 구매 과정에 활용한다.

11

구매로 소속감이 생긴다
동료의식

【정의】
구매를 통해서 타인과 관계를 맺거나 협조할 수 있어서 구매욕을 자극하는 트리거. 타인과 협조 가능하다는 점이 구매욕을 높이는 이유이기 때문에 REASON & BOOST에 속한다. 자신이 구매한 상품과 서비스를 통해 자기표현을 한다. 더 나아가 비슷한 관심을 가진 집단의 일원임을 알리고 싶을 때, 사회적 상식을 확인하고 맞추어가고 싶을 때 자극을 받는다.

궁합이 잘 맞는 카테고리

미용 관련·화장품

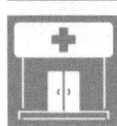
드러그스토어

가구·인테리어

취미와 관련된 상품
(책/음악/영상·동영상 등)

상식적이고
'제대로 된 사람'이고자 할 때

'동료의식'을 느끼고 구매욕이 생기는 순간은 다음 두 가지입니다.

① 사회의 규범에 맞는 쇼핑을 할 수 있을 때.
② 커뮤니티의 일원이 될 수 있을 때.

각 항목에 대해서 설명 드리겠습니다.
① 사회의 규범에 맞는 쇼핑을 할 수 있을 때.
　사회적 규범을 지키며 동료의식을 표현하는 '구매 활동'도 있습니다. 사람들은 부정적으로 눈에 띄어 비난을 받거나 소외당하지 않기 위해, 사회적 상식이나 규칙을 의식하면서 무엇을 구매해야 할지 고민합니다. 사회에 적응하는 적절한 행동을 하기 위해 타인의 선택이나 행동을 모방하기도 합니다.
　취업 면접에서 유별나게 보이지 않기 위해 무난한 정장을 선택하는 행동이 전형적인 사례라고 할 수 있습니다. 사회 규범에 맞는 행동을 할 수 있는 사람이라는 점을 보여줄 수 있고, 주변 상황과 어울리는 상품이라고 인식되면 구매욕이 높아집니다.

나도 커뮤니티의 일원임을
알리고 싶다

② 커뮤니티의 일원이 될 수 있을 때.

내가 특별히 좋아하는 브랜드 제품을 이용하는 사람을 만나서 친근함을 느낀 적은 없습니까? 소비자는 자신과 감성이 비슷한 동료를 찾기 위해 특정 브랜드를 애용하며, 이를 통해서 셀프 브랜딩을 하고 있습니다.

이것을 심리학에서는 '유사성의 법칙'이라고 합니다. 자신과 비슷한 특징, 가치관, 행동, 흥미를 공유하는 사람들에게 쉽게 매료되는 법칙입니다. 같은 브랜드를 좋아한다는 공통점만으로도, 상대가 나와 가치관이나 취향이 비슷할 가능성이 있다고 추측하기 때문에 신뢰감이 자연스럽게 상승합니다.

같은 브랜드를 선호하는 그룹의 일원이라는 연대감도 생깁니다. 공통의 흥미나 화제를 계기로 말을 걸고 소통이 시작되면 관계가 깊어집니다.

예를 들어 팬클럽 회원이 굿즈를 구매하는 행동이나, 특정 브랜드의 제품을 구매해서 그 브랜드가 제안하는 라이프 스타일에 공감함으로써 소속감을 느끼는 경우도 있습니다.

이렇게 물건은 타인과 '동료의식'을 느끼는 셀프 브랜딩의 미디어로 활용되고 있습니다. 물건을 소비자의 자기표현 수단으로 본다면, 브랜드가 지닌 가치관이나 세계관에 새로운 의미가 부여됩니다.

따라서 브랜드는 단순한 품질 보증의 의미를 넘어 어떤 가치관이나 세계관을 표현할 수 있는 '팩트'를 가지고 있는가, 이것이 소비자들에게 얼마나 공감을 얻을 수 있는가를 강화해나갈 필요가 있습니다.

| 성공사례 | 주식회사 구루나비, '접대용 선물—비서진이 엄선한 일품' |

상식과 그 이상의 배려
안심하고 선택할 수 있는 일품

주식회사 구루나비는 회원 3만 8,400여 명(2025년 1월 기준)의 네트워크 '여기가 비서실(こちら秘書室)'을 운영하고 있습니다. '접대용 선물—비서진이 엄선한 일품'은 네트워크를 활용해서 현직 비서들의 안목으로 엄선된 접대용 선물을 주문할 수 있는 서비스입니다. "비즈니스 현장에서도 손색이 없는 고급 선물 정보를 전하고 싶다"는 마음으로 비즈니스 접대용 선물 서비스를 시작했습니다. 접대용 선물 고르기의 전문가라고 할 수 있는 비서들이 직접 보고 고른, 신뢰할 수 있는 상품들을 소개합니다. 중요한 거래처 방문 시 준비하는 선물은 물론이고, 추석 선물, 연말 선물 그리고 개인적으로 특별한 선물이 필요할 때도 이용할 수 있습니다.

선물을 고르기는 상대방과의 관계, 상황, 목적, 시기 등 TPO(Time, Place, Occasion)에 맞는 최적의 아이템을 선택해야 하는 까다로운 일입니다. 특히 비즈니스 미팅이나 접대 자리에서 직접 전달하는 선물에는 다양한 비즈니스 매너가 필요합니다. 예를 들어 '상대에게 부담을 주지 않을 정도의 적절한 예산', '개별 포장이고 유통기한이 긴 상품 선택', '계절감이나 상대의 취향을 고려한 센스', '인원수보다 조금 넉넉하게 여유분 준비', '포장과 쇼핑백 준비', '카드에 들어갈 글 작성' 등 꼼꼼하게 매너를 지켜야 합니다. 이것만이 아닙니다. 선물의 맛이나 디자인은 상대의 기대를 충족시킬 수 있는 높은 수준이어야 하기에, 선택이 매우 어렵습니다. '접대용 선물—비서진이 엄선한 일품'은 선물 선택의 전문가인 '비서'들의 안목으로 고른 확실한 상품들 중에서 선택할 수 있기 때문에 비즈니스 매너와 규범에 맞는 '실패 없는 쇼핑'을 가능하게 합니다. 따라서 이 서비스는 '동료의식' 트리거를 공략하는 좋은 사례라고 할 수 있습니다.

接待の手土産
── 秘書が選んだ至極の逸品 ──

비즈니스 접대용 선물―비서가 고른 최고의 일품―

▌품격과 절제가 느껴지는 단정한 로고. (이미지 제공: 구루나비)

  2015년부터 맛, 디자인, 실용성, 고급스러움, 소재 그리고 상품에 담긴 마음까지 현직 비서들만이 가질 수 있는 시각으로 선물을 심사하는 '접대용 선물 셀렉션'을 매년 개최하고 있습니다. 이 행사는 현직 비서들이 연중 개최되는 품평회에서 심사하여, 높은 점수를 받은 상품을 '특선'으로 인증하는 제도입니다. 2018년부터는 누적 3회 '특선'에 선정된 상품을 '명예의 전당'에 올리는 제도를 도입했습니다. 1천여 명의 현직 비서가 참여해서 '현시대에 어울리는 선물'을 엄선하고 있습니다.

  '접대용 선물 셀렉션'에서 선정된 상품을 소개하는 특집 책자도 발행하고 있습니다. 각 상품 소개란에는 선물 선택에 대한 지식과 노하우를 갖춘 현직 비서만의 평가 포인트와 코멘트가 수록되어 있습니다. 무게, 쇼핑백의 질감, 유통기한 등 실용적인 정보는 물론이고 선물 예절과 관련된 팁까지 더해져, 비즈니스는 물론 개인적으로 선물을 고를 때도 유용한 정보가 가득합니다.

  비서는 상대방의 기호나 전달하는 상황, 출신지, 건강 상태, 가족 구성은 물론, 맛과 크기와 무게, 비즈니스에 어울리는 포장과 쇼핑백, 상품에 담긴 마음과 스토리까지 세심하게 고려하여 선물을 고르는 전문가입니다. 따라서 비서진이 엄선한 셀렉션 중에서 상품을 고르면, 매너를 갖추면서도 다른 사람에게 칭찬받을 만한 쇼핑을 할 수 있습니다. 이를테면 구매할 수 있는 매장이 많지 않아 '일부러 찾아간' 느낌을 주는 상품이나, 나눠주기 좋은 개별 포장 제품, 상대방의 건강을 배려한 제품 등 세심한 마음 씀씀이가 느껴지는 선물을 고를 수 있습니다. 이런 선물을 받은 사람들은 그 정성에 감사할 것입니다.

실제로 웹사이트에서 상품을 고를 때 사용하는 검색 메뉴에도 특별히 공을 들였습니다. 가격이나 상품 종류로 검색 범위를 좁히는 것뿐만 아니라 '선물 받을 상대에 따른 선택', '보내는 상황' 등 선물을 고를 때 중요한 항목들이 세분화되어 있어서, 원하는 상품을 쉽게 찾을 수 있습니다. 특히 독특한 검색 조건은 '비서의 추천 포인트'입니다. '희소가치', '가볍고 부피가 작음', '긴 유통기한' 등 일반적인 검색에서는 보기 드문 조건들도 설정되어 있습니다.

▌ 2023년에 출간된 특집 책자. 선물을 고르는 데 편리. (이미지 제공: 구루나비)

각 상품 소개 페이지에는 비서의 평가 코멘트가 함께 실려 있습니다. 어떤 점이 좋은지에 대해 전문가의 시각에서 작성된 평가가 있어, 객관적인 관점에서 상품을 이해할 수 있을 뿐 아니라 안심하고 선택할 수 있습니다. 또한 상품 소개도 매우 이해하기 쉽게 구성되어 있습니다. 생산자나 판매자의 역사와 상품에 담긴 마음이 스토리 형식으로 소개되어 있어서, 상품의 매력을 보다 깊게 느낄 수 있습니다.

변화하는 시대의 상식을 파악하고
바꾸어간다

"사회적 규범에 맞는 구매를 하고 싶다"는 동료의식 트리거를 자극해서 구매욕이 발동된다는 말씀을 드렸는데 주의해야 할 점이 있습니다.

사회적 규범은 시대에 따라 변하기 때문에 시대의 가치관에 맞춰 메시지나 상품 구성을 조정할 필요가 있습니다.

예를 들어 일본 초등학생이 주로 사용하는 책가방 '랜드셀'이 좋은 예입니다. 과거에는 남자아이용은 검은색, 여자아이용은 빨간색 랜드셀을 사는 것이 일반적이었습니다. 하지만 1990년대에 들어 색상을 성별로 구분해서 "남자는 이래야 한다, 여자는 이래야 한다"는 고정관념에 대한 비판이 제기되면서 재검토가 이루어졌습니다. 그 결과 성별에 상관없이 좋아하는 색상을 선택할 수 있게 되었습니다.

과거에는 소가죽 염색 기술의 한계로, 랜드셀은 검은색과 빨간색밖에 없었습니다. 지금은 다양한 색상의 제품을 제작할 수 있어서 취향과 개성에 따른 색상 선택이 가능합니다. 사회적 성별 관념의 변화와 함께 자유로운 자기표현을 존중하는 변화가 일어난 것입니다.

판매자인 소매점이나 제조 업체는 이러한 **사회의식의 변화, 상식의 변화를 항상 파악하고 상품 구성을 재검토할 필요가 있습니다.** 경우에 따라서는 지금까지의 상식을 바꾸는 일도 필요합니다.

앞에서 언급한 랜드셀의 사례를 보면, 최근 일본에서는 랜드셀 외에도 백팩 사용을 허용하는 지자체가 등장하고 있습니다. 랜드셀을 대체할 상품을 개발해서, "랜드셀이 아닌 다른 가방을 골라도 좋지 않을까요?"라고 주장하면서 새로운 가치관과 상식을 만들어내는 접근법도 있습니다.

자사 상품이 더 잘 팔릴 수 있도록 전략적으로 새로운 쇼핑의 상식을 만들어 가는 것도 효과적일 것입니다.

정리

- 동료의식은, 구매를 통해 타인과 관계를 맺고 협력하고 싶은 트리거.
- 타인과 협조할 수 있다는 점이 구매욕을 높이는 이유가 되므로 'REASON & BOOST'에 속한다.
- "사회적 규범에 맞는 쇼핑을 할 수 있다"거나 "커뮤니티의 일원이 될 수 있다"는 점이 구매욕을 증폭시킬 수 있다.
- 동료의식을 자극하는 기획을 만들기 위한 힌트는, 변화하는 시대의 상식을 파악하고 끊임없이 바꾸어가는 것.

12

세심한 배려가 좋아서 여기서 사버렸다!
한발 앞선 배려

【정의】
미리 알아서 챙겨주는 세심함이 좋아서 구매욕을 자극하는 트리거. REASON & BOOST에 속한다. "이런 것까지 신경 썼다고!?", "정말 잘 알고 있네!"라고 느껴지는 배려에 기분이 좋아서 구매력이 상승한다. 구매 환경이 점점 더 효율적으로 변화하는 가운데, 누군가 나를 이해해주고 있다는 느낌은 앞으로 더욱 중요해질 것으로 예상된다.

궁합이 잘 맞는 카테고리

 식품·음료    슈퍼마켓

 생활필수품·욕실제품    편의점

그래, 이게 필요했어!
센스 있는 가게에서는 기분이 좋아진다

'한발 앞선 배려'에 기분이 좋아져서 구매로 이어지는 순간은, 다음 두 가지입니다.

① 사소한 불편함까지 챙겨줘서, 센스 있다고 느낄 때.
② 동반자나 주변 환경까지 배려해주고 있다고 느낄 때.

각 항목을 하나씩 살펴보겠습니다.
① 사소한 불편함까지 챙겨줘서, 센스 있다고 느낄 때.
소비자는 어떤 서비스를 받았을 때 호감을 느낄까요? 다음과 같은 예를 들 수 있습니다.

- 깜빡하면 다 써버리기 쉬운 생필품의 포장을 보니, 남은 양이 한눈에 들어올 수 있도록 설계되어 있다.
- 무엇을 골라야 할지 모를 때, 도움이 되는 가이드나 안내가 제공된다.
- 함께 구매해야 하는 상품이 가까이에 진열되어 있다.

구매 주기가 긴 조미료나 세제 같은 제품은 자칫하면 다 써버리기 쉬운 품목입니다. 이런 '구매 누락'을 막기 위한 장치가 마련되어 있을 때, 마치 가려운 곳을 긁어주는 것처럼 "꼭 필요한 부분을 챙겨준다"는 인상을 받습니다. 예를 들어 모기약은 약제 여부에 따라 유효 기간을 눈으로 쉽게 확인할 수 있습니다. 이처럼 "거의 다 사용했다"는 사실을 알려주는 장치가 있는 제품은 다음에도 재구매할 가능성이 높습니다.

"가려운 곳을 긁어준다"고 느끼게 만드는 경우는 소비자의 불안 요소를 미리 알아채고 대응했을 때입니다. 패션 잡지에 실려 있는 감각적인 토털 코디네이트는, 색상 배합이나 아이템 조합 등에 도움이 됩니다. 하지만 경제적 이유로 전부 갖추기는 어렵고, 그래서 부분적으로 적용해봤더니 기대에 영 미치지 못했다는 경험을 한 분들이 분명 있을 겁니다.

이럴 때 초보자용으로 합리적인 아이템을 활용한 토털 코디 제안이 있으면, "센스가 없어도 따라 하기 쉽다", "실패할 가능성이 적다"고 느끼면서 구매하고 싶은 마음이 생깁니다.

한편 온라인 쇼핑몰에서 사이즈 교환이 무료이거나, 실패를 고려한 사후 지원이 제공되면 제품 선택에 대한 불안이 줄어들고 구매가 쉬워집니다.

'관련 상품이 근처에 진열되어 있는 경우'도 좋은 인상을 줍니다. 슈퍼마켓은 입구에서 출구까지의 동선이 어느 정도 정해져 있습니다. "채소 코너에서 감자를 사지 않았는데, 정육 코너에서 돼지고기를 보니 갑자기 카레가 먹고 싶어졌다." 이런 생각을 하고 있는데, 정육 코너 근처에 카레용 채소 세트가 진열되어 있다면 소비자는 자연스럽게 손이 갑니다.

한편 소비자의 구매욕에 전혀 도움이 되지 않는 '한발 앞선 배려'도 있습니다. 제가 직접 경험한 일입니다. 한 매장의 햄버거 판매 코너에 탄산음료가 함께 진열되어 있었는데, 판매로 이어지지는 않았습니다. 연동 구매를 유도하려고 했지만, 탄산음료를 상온에 진열했기 때문에 실패한 케이스입니다. 매장 위치상 구매 직후 바로 식사를 하는 고객이 많았는데 차갑지 않은 탄산음료에는 손이 가지 않았던 것입니다. 고객을 세심하게 배려하고 있다는 인상을 주려면, 소비자의 실제 이용 상황에 맞는 '한발 앞선 배려'가 필요합니다.

언제 가도 세심한 배려가 구석구석까지 느껴지는 그런 매장에서 구매하고 싶다

② 동반자나 주변 환경까지 배려해주고 있다고 느낄 때.

소비자 본인과는 직접적으로 관련이 없지만, 그래도 구매욕이 발동하는 서비스의 예입니다.

예를 들어 동반자가 편안하게 시간을 보낼 수 있는 환경이 형성되면, 자신은 쇼핑에 집중할 수 있어서 구매욕이 올라갑니다. 다음과 같은 사례가 있습니다.

- 아이들이 안전하게 놀 수 있는 가족 단위 쇼핑몰의 키즈 공간.
- 동반자가 쉴 수 있는 휴식 공간.
- 반려동물을 동반할 수 있는 '도그런' 시설이 갖춰진 상업시설.

이것들은 모두 동반자를 배려한 서비스로, 소비자가 쇼핑에 집중할 시간을 확보할 수 있게 합니다.

특히 육아 중인 가정은, 아이가 싫증을 내면 쇼핑이 중단되기 때문에 아이의 컨디션에 맞추어서 쇼핑을 할 수밖에 없습니다. 가족 단위 방문객이 많은 쇼핑몰에는 키즈 공간이 마련되어 있고, 일시 돌봄 서비스를 제공하는 곳도 있습니다. 아이들에게는 평소와 다른 장소에서 즐겁게 놀 수 있는 경험을 제공하고, 어른들에게는 자신만의 쇼핑에 집중할 수 있는 시간을 제공합니다.

대상은 어린아이들만이 아닙니다. 제가 직접 봤는데, 보고 난 후 웃음이 터진 사례입니다. 관광지 쇼핑가에 "아버님을 맡아드립니다"라는 간판이 있었습니다. 남성 분들은 쇼핑을 지루해합니다. 그래서 아버님이 쉬는 동안 나머지 가족은 편안하게 쇼핑을 할 수 있도록 배려한 것입니다.

애완동물을 가족의 일원으로 받아들이는 가정이 점점 늘고 있습니다. '도그런'을 검색하면 자동으로 '산책 대신'이라는 문구가 떠오를 정도입니다. 도그런이 마련된 매장을 방문하면 반려동물도 신납니다. 도그런에서는 산책을 대신할 수 있어서, 쇼핑 시간도 여유롭게 확보할 수 있습니다.

또한 '한발 앞선 배려'의 대상은 동반자뿐 아니라 주변 환경까지 확장됩니다. 매장이 점점 효율적 변화를 추구하는 과정에서 주변 환경까지는 신경을 쓰기 어려워졌습니다.

예를 들어 위생 상태가 나쁜 매장이나 주차하기 불편한 매장은 다시 찾고 싶지 않습니다. 반대로 청소가 매우 잘 되어 있거나 주차를 쉽게 할 수 있는 매장은 "이런 부분까지 신경을 쓰다니!?"라는 감탄과 함께 구매욕을 자극합니다. 인력 부족 등의 이유로 쇼핑과 직접 관련이 없는 영역까지 배려하는 매장을 찾기가 점점 어려워지고 있습니다. 따라서 차후에는 이런 점들이 소비자에게 '좋은 매장'이라고 느끼게 하는 중요한 요소가 될 것입니다.

성공사례

주식회사 GiftX, 'GIFTFUL'

정성껏 고른 선물이지만,
혹시 마음에 안 들면 '다시 고르기'로 걱정을 덜어드려요

주변 상황과 맥을 짚어내는 감각의 대표적인 사례로, 주식회사 GiftX가 제공하는 선물 서비스 'GIFTFUL'을 소개합니다. 'GIFTFUL'은 선물을 주는 사람과 받는 사람 모두에게 새로운 경험을 제공합니다.

'GIFTFUL'에서는, 먼저 선물을 주는 사람이 받는 사람이 좋아할 만한 상품을 선택해서 보냅니다. 상품을 받은 사람에게는 다음 두 가지 선택지가 있습니다.

① 상대가 보내온 선물을 그대로 받는다.
② 동일 가격 이하의 선물 후보 중에서 본인이 원하는 것을 선택한다.

이런 시스템 덕분에 "이미 가지고 있는 물건"이나 "원하는 것과 다른 물건"을 선물하는 상황을 피할 수 있어서, 선물을 주는 사람도 안심하고 고를 수 있습니다. 또한 'GIFTFUL'에 게재된 상품들은 각 브랜드와 정성스럽게 협상하여 엄선한 최고급 제품들입니다. 상대의 취향을 잘 모르더라도 실패할 확률이 적어서, 안심하고 이용할 수 있는 서비스입니다.

'GIFTFUL'은 디지털화가 가속화되면서 희박해진 인간관계를 따뜻한 선물로 다시 이어주고 싶다는 마음에서 탄생했습니다. 어렸을 적 선물을 받았을 때의 기쁘고 행복했던 기억을 재현해내는 것이 이 서비스의 출발점입니다. 카탈로그를 보고 단순히 원하는 선물을 선택해서 건네는 방식이 아니라, 상대방을 생각하며 고르는 따뜻한 마음을 무엇보다 소중하게 생각합니다.

▌ '다시 고를 수 있다'는 점이 핵심. (이미지 제공: GiftX)

    선물하는 사람의 입장에서 "정성스러운 선물을 제대로 고르고 싶다"는 마음을 이해하고 지지함으로써, 선물하는 상황에 맞는 품목들을 갖추었습니다. 받는 사람이 선물을 다시 선택할 수 있어서, 안심할 수 있고 도전하는 재미도 누릴 수 있습니다.

    이런 전제가 있기에 "선물을 고를 때 부담이 덜하다"고 느낍니다. 소비자의 불안한 마음을 미리 파악해서, 가려운 곳을 긁어줄 수 있는 기프트 체험입니다.

    이용자들의 목소리를 들어보면, 선물을 다시 선택할 수 있는 시스템 때문에 과감하게 선물을 고를 수 있었다고 합니다.

    예를 들어 출산 축하 선물로 "그동안 마시지 못했겠지만 이제는 즐기길 바란다"라는 의미로 술을 선물하는 등, 평소라면 망설였을 대담한 선택에 도전할 수 있습니다. 또한 받는 사람이 선택한 선물을, 보낸 사람에게 알림으로써 새로운 이야깃거리가 자연스럽게 생겨나기도 합니다.

    그렇다면 실제로 선물을 다시 선택하는 사람은 얼마나 될까요? 많은 사람들이 "미안

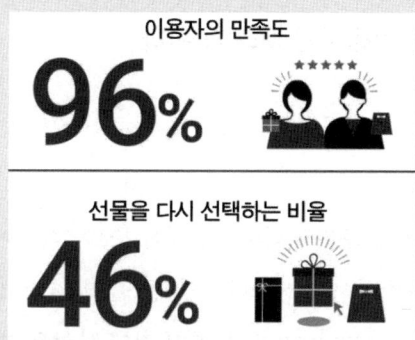

▌놀라운 수치만 봐도 만족도가 얼마나 높은지 알 수 있다. (이미지 제공: GiftX)

해서 다른 것을 고르지 못할 것"이라고 생각하지만, 실제로는 무려 40% 이상의 이용자가 '선물 다시 선택하기' 기능을 활용하고 있습니다. 선물하는 사람의 배려 어린 메시지 —"부담 없이 원하는 물건으로 다시 선택해주기 바랍니다"— 가 효과적으로 전달되고, 시스템 자체도 다시 선택하기가 편하게 설계되어 있기 때문입니다.

'GIFTFUL'이 선물하는 사람과 받는 사람 양쪽을 대상으로 실시한 고객 설문조사 결과에 따르면, 만족도는 무려 96%에 달합니다. 이처럼 높은 만족도를 바탕으로, 선물을 받은 사람이 다시 선물을 하는 선순환도 생겨나고 있습니다. 게다가 개인보다 상대의 취향을 파악하기 어려운 기업 간 선물(법인 선물) 분야에서도 활용이 급증하고 있습니다. 앞으로도 '선물 다시 선택하기' 문화는 더욱 확대될 것으로 보입니다.

상식을 뒤집으면 '감동적인 배려'가 된다

마지막으로, '한발 앞선 배려' 트리거를 자극할 수 있는 두 가지 요령과 구조를 소개하겠습니다.

첫 번째는 '**딜레마 해결 구조**'입니다. "상식적으로는 ○○이지만, 이 상품이나 매장은 ××이다"라는 발상이 핵심입니다. 예를 들어 GIFTFUL에서는 상대방의 취향을 몰라서 선물 고르기가 어렵다는 일반적인 상식을, 다시 고를 수 있다는 구조로 뒤집어서 해결했습니다. 자사의 카테고리나 제품과 관련해서 소비자가 평소에 불편하다고 느끼는 상식이나, 이렇게 바뀌면 좋겠다는 생각의 상식을 뒤집으면 좋은 아이디어가 나올 것입니다.

"상식적으로는 ○○이지만, 이 상품이나 매장은 ××이다"라는 발상을 도입하면, 소비자가 느끼는 불편함이나 고민을 해결하는 새로운 가치를 창출할 수 있습니다.

예를 들어 GIFTFUL은 "상대의 취향을 잘 모른다"는 선물 선택의 고민을, 다시 선택할 수 있는 시스템으로 해결했습니다. 그 외에도 다음과 같은 것이 있습니다.

- 택배: 시간을 지정하는 것이 상식이었지만, 택배 박스의 등장으로 언제든 받을 수 있게 되었다.
- 진료 시간: 평일 진료가 상식이었지만, 심야에도 진료를 보는 병원이 등장.
- 구매 방법: 선착순이 상식이었지만, 예약제로 기다리지 않고 구매할 수 있게 되었다.

이런 예들은 "시간이 지정되어 있어서 받을 수 없다", "진료 시간에 맞출 수 없다", "선착순이라서 살 수 없다"라는 불편함을 해소하고, 소비자의 만족도를 높였습니다. 자사의 상품이나 서비스에 대한 상식을 되돌아보고, 소비자의 불편함을 해결할 수 있는 시스템을 생각해봅시다.

'이석이조' 장치를 만들어
섬세하게 배려하는 마음 연출하기

두 번째 힌트는 '일석이조의 구조'입니다. 소비자에게 "한 번의 구매나 이용으로 몇 가지 혜택을 얻을 수 있다"는 느낌을 제공함으로써 구매 욕구를 크게 끌어올릴 수 있습니다. 현대인은 라이프 스타일에서 타임 퍼포먼스(시간 효율)를 중시하기 때문에, '일석이조의 느낌'은 매우 매력적입니다.

구체적인 공략 방법으로, "A에서도 B에서도 활용할 수 있을 것 같다"라는 구조가 있으면 효과적입니다. 다음과 같은 예를 들 수 있습니다.

- 어른뿐만 아니라 어린이들도 좋아할 만한 선물.
- 도시락용으로서 뿐만 아니라 저녁 반찬으로도 좋다.
- 회사 갈 때 뿐만 아니라 친구를 만날 때도 입을 수 있다.
- 오븐만이 아니라 토스터로도 사용 가능하다.

이렇게 여러모로 이용할 수 있는 구조를 강조함으로써 세심한 배려가 있다는 인상을 줄 수 있습니다. 결과적으로도 한발 앞선 배려가 소비자의 만족도를 올립니다.

정리

- □ '한발 앞선 배려'는 미리 알아서 챙겨주는 세심함이 좋아서 구매욕을 자극하는 트리거.
- □ 가려운 곳을 긁어주듯, 소비자뿐만 아니라 동행자나 주변 환경까지 챙기면 효과가 커진다.
- □ 효율성이 강조되는 구매 환경 속에서, 내 마음을 잘 알아주는 느낌이 중요해졌다.
- □ 모두가 힘들어하는 상식을 '딜레마 해결 구조'로 처리하고, '구매하는 것으로 일석이조'의 느낌을 선사하면 효과적.

13

'운명의 만남'이라고 느끼면 구매욕이 생긴다
세렌디피티

【정의】
잠재적으로 원했던 물건을 우연히 만나서 구매욕을 자극하는 트리거. REASON & BOOST에 속한다. A를 사러 갔는데 우연히 B를 보고, "B도 꽤 괜찮은데!"라면서 사게 되는 경험. 우연이었다고 하면 이성적인 판단이 아니라고 생각되지만, 우연히 마주쳐서 좋다고 느끼는 이유는, 잠재적인 니즈를 잘 찾아서 사야 할 이유가 생겼기 때문이다.

궁합이 잘 맞는 카테고리

 전문점·백화점

 가전·전자제품

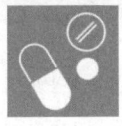 의약품·영양제

 편의점

어원은 동화에서,
행운을 가져다주는 우연한 만남

'세렌디피티' 때문에 사고 싶어지는 순간은 다음 두 가지입니다.

① 평소라면 고르지 않는 물건인데, 사야 할 이유를 발견했을 때.
② 갖고 싶었던 것을 딱 집어서 보여주는 느낌이 들 때.

① 평소라면 고르지 않는 물건인데, 사야 할 이유를 발견했을 때.
'세렌디피티'라는 단어는 영국의 소설가 호레이스 월폴(Horace Walpole)이 만든 용어로, 동화『세렌디프의 세 왕자(The Three Princes of Serendip)』에서 유래되었습니다.

이야기에 등장하는 세 왕자는 여행 중 자신들이 원하던 것과는 다른, 우연한 만남을 통해서 행운을 얻게 됩니다. 이렇게 뜻하지 않은 우연한 행운을 만나는 능력을 '세렌디피티'라고 합니다.

쇼핑에 빗대어보면, A를 사러 갔는데 우연히 B를 보게 되고 "B도 꽤 괜찮은데!"라면서 B를 선택하는 경우입니다. 이렇게 이야기하니, 여러분도 의외로 세렌디피티를 경험한 적이 많을 것입니다. B와의 만남에서 "B도 꽤 괜찮은데!"라고 느끼려면, 매장에서의 정보가 중요합니다.

저도 최근에 세렌디피티 쇼핑을 체험했습니다. 슈퍼마켓의 와인 코너에서 매장의 POP 홍보물을 만났기 때문입니다. 와인의 POP 홍보물이라고 하면 원산지, 포도의 품종, 묵직한 맛인가 가벼운 맛인가와 같은 맛에 관한 정보가 일반적입니다. 그런데 제가 찾은 슈퍼마켓에서는 와인에 어울리는 추천 요리, 더 자세하게는 '비프스튜와 궁합이 딱 맞는 와인'이라는 식으로 구체적인 요리

명이 하나하나 기술되어 있었습니다.

이날은 식단이 정해져 있어서 POP의 설명을 보고, 평소라면 절대 사지 않았을 와인을 골랐습니다. 그야말로 세렌디피티 구매를 체험한 것입니다.

"바로 당신을 위한 상품입니다!" 정확히 짚어주면 사고 싶어진다

② 갖고 싶었던 것을 딱 집어서 보여주는 느낌이 들 때.

앞에서 설명한 요리와 와인의 사례는 "오늘 메뉴에 딱 맞는 와인을 고르고 싶다"는 니즈가 POP 홍보물을 통해서 구체화된 경험입니다. 더 나아가 점원의 말을 듣고 자각하지 못했던 잠재적인 니즈를 알게 되거나, 내가 원하는 딱 맞는 것을 추천 받았다는 생각이 들면 어떻게든 사고 싶다는 마음이 생깁니다.

예를 들어 옷가게에서 바지를 고르고 있는데, 점원이 추천한 재킷이 내가 평소에는 입지 않는 스타일이지만 마음에 꼭 들어서 결국 사게 되는 경험입니다.

자신이 평소에 고르는 옷은 모두 비슷해서, 새로운 스타일의 옷을 입어보고 싶다는 잠재적 니즈가 생긴 것입니다. 이런 경험은 쇼핑을 도와주는 직원이 있는 매장이기 때문에 가능한 일인데, 최근에는 생성 AI의 발달로 전자상거래에서도 비슷한 경험이 발생하고 있습니다.

이것이 바로, 상담하면 바로 답을 주는 AI 어시스턴트 서비스의 개발입니다. 이로 인해 스스로는 구체화할 수 없었던 '원하던 것'을 AI가 정확히 짚어주는 느낌을 받습니다. 온라인 쇼핑몰에서는 검색어를 입력해서 상품을 찾는 방식이 일반적입니다.

여기서 검색어를 입력한다는 것은, 이미 어느 정도 정보를 수집했고 니즈가 명확해진 상태입니다. 예를 들어 캠핑을 가려고 할 때 무엇을 준비해야 할지, 어떤 기준으로 골라야 할지에 대한 정보를 먼저 조사한 다음, 온라인 쇼핑몰에서 상품을 검색합니다.

AI 어시스턴트가 온라인 쇼핑몰에 탑재되어 있다면, 이와 같은 사전 정보 수집이 필요 없습니다. "캠핑 초보자가 처음에 사야 할 물건은 무엇?"이라고 질문만 하면 필요한 물품들을 추천해줍니다. 여기에는 자신이 전혀 예상하지 못했던 물건이 포함되어 있을 수도 있습니다. 이것이야말로 세렌디피디 체험입니다.

AI 어시스턴트의 활용은 이제 막 시작 단계입니다. 기술 진화와 콘텐츠의 힘을 조합해서 세렌디피티 상품을 지원하고 있는 안경 브랜드 Zoff의 'EAsee Zoff Virtual Fitting'을 소개하겠습니다.

성공사례	주식회사 인터메스틱, 'EAsee Zoff Virtual Fitting'
	직원이 고른 컬렉션에서 뜻밖의 발견

'EAsee Zoff Virtual Fitting'(이하 Zoff EASee)는 온라인에서 안경을 가상으로 착용해볼 수 있는 서비스입니다. 2024년 3월, Zoff 공식 온라인 스토어에서 정식으로 서비스를 시작했습니다. 사용자의 얼굴 사이즈를 정확하게 측정하여, 가상공간에서 실제와 비슷한 크기나 형태의 안경이나 선글라스를 착용해볼 수 있습니다.

이 기능에서 뜻밖의 발견이 가능한 것은, 온라인 스토어의 콘텐츠 'Zoff 스태프 컬렉션'과 'Zoff EASee'가 연동되어 있기 때문입니다.

'Zoff 스태프 컬렉션'은 Zoff의 직원들이 전문가의 눈으로 추천한 안경 스타일링 이미지 콘텐츠입니다.

수많은 사진 중 마음에 드는 안경을 고르고 실제로 이것을 체험해볼 수 있습니다. 보

▎ 얼굴 크기를 정확하게 측정함으로써, 온라인에서도 간단하게 안경을 착용해볼 수 있는 서비스. (이미지 제공: 인터메스틱)

통 안경을 고를 때는 렌즈 모양, 프레임 기능, 색상 등을 보고 '안경만 단독'으로 선택합니다. 그러나 'Zoff 스태프 컬렉션'의 사진에서는 패션과의 조합이나, 착용했을 때의 분위기 등으로 고를 수가 있습니다. 사진을 하나하나 넘기면서 고르다 보면, 지금까지 선택해본 적이 없는 색상이나 디자인에도 도전해보고 싶은 마음이 생깁니다. 바로 이것이 세렌디피티, 즉 '원했던 것을 우연히 발견하는 느낌'입니다.

리얼티를 극대한 착용 체험으로
이용자 전환율이 5배 증가

    도전해보고 싶은 안경을 찾았더라도, 정말로 내 얼굴에 잘 어울리는지 확인하려면 실제로 착용해보는 것이 중요합니다. 'Zoff EASee'의 착용 기능은 LIVE 모드, 비디오 모드, 사진 모드 중에서 선택할 수 있는데, 그중 가장 많이 사용되는 기능이 LIVE 모드입니다. 자동으로 동공 간 거리를 측정하는 기능이 탑재되어 있어, 자신의 얼굴 움직임에 맞춰 안경을 착용할 수 있으며, 실제 착용 모습을 영상으로 확인할 수 있습니다.

    마치 매장에서 안경을 직접 착용하고 여러 각도에서 살펴보는 것 같은 느낌입니다. 그 결과 이용자의 전환율이, 이 기능을 이용하지 않은 사람들에 비해 5배나 높았습니다. (※ 2024년 5월부터 3개월 동안의 온라인 전체 상품 매출 누계와, 'Zoff EASee'를 이용한 고객의 EC 매출 비교)

    그 외에도 재미난 경향이 두 가지 있습니다. 하나는 안경의 전통적인 형태가 아닌 제품들도 잘 팔리고 있다는 점입니다. 또 하나는 컬러 렌즈나 빛의 강도에 따라 색이 변하는 조광 렌즈를 선택하는 사람도 서서히 늘어나고 있다는 점입니다. Zoff는 50종류 이상의 컬러 렌즈를 준비하여 선글라스 시장을 키우기 위해 주력하고 있습니다. 컬러 렌즈는 색감을 직접 보지 않으면 쉽게 결정하기 어려운데, 'Zoff EASee'에서는 얼굴에 착용했을 때의 리얼한 색감이 잘 재현되어서 구매하는 고객이 늘고 있습니다.

이처럼 'Zoff 스태프 컬렉션'의 온라인 쇼핑을 통해 뜻밖의 만남을 체험하고, 마음에 드는 상품을 실제로 착용해볼 수 있게 해주는 기능이 'Zoff EASee'입니다.

뭔가 좋은 게 있을 것 같은 기대감이 머무는 시간을 늘린다

고객이 세렌디피티, 이른바 뜻밖의 좋은 만남을 체험하기 위해서는 "가만히 기다리고 있으면 좋은 일이 생긴다"는 식이 아니라 직접 상품을 찾아보는 구체적인 행동을 통해 그 '만남'을 알아차리고 새로운 제안을 받아들이려는 마음가짐이 중요합니다.

그래서 기업에서는 고객이 구체적으로 상품을 찾아보고 싶다는 마음을 먹게 할 장치가 필요합니다.

그 힌트는 '**머무는 시간을 늘리는 것**'입니다. 구매할 상품이 정해져 있고, 그 목표만 달성하려는 쇼핑에서는 세렌디피티가 일어나기 어렵습니다. "뭔가 괜찮은 게 없을까?"라는 기대감을 가지고 매장을 둘러보는 동안, 갖고 싶은 물건이 눈에 들어옵니다. 평소에는 관심이 없었던 물건이지만 특별히 사야 할 이유를 발견하거나 우발적으로 흥미를 끄는 아이템을 발견하기도 합니다.

이런 만남을 위해서는 '머무는 시간을 늘리는' 장치가 필요합니다. 장치 중 점점 확산되고 있는 것이 서점에서 운영하는 카페입니다. 맛있는 커피를 마시면서 책을 천천히 고르는 시간이 늘어나면 '사고 싶은 책'을 발견할 가능성이 높아집니다.

원래 사려고 했던 책을 읽다가, 새로운 관심이 생겨서 다른 책까지 살펴보고, 결국에는 계획에 없던 책까지 구매한 경험이 여러분에게도 있을 것입니다.

머무는 시간을 늘리기 위한 또 다른 장치는 '샘플'을 비치하는 것입니다.

화장품 매장에는 스킨케어나 메이크업 제품을 직접 사용해볼 수 있는 샘플이 비치되어 있습니다. 헤어케어 제품이나 세탁 세제, 섬유 유연제 코너에서는 시향 샘플을 흔히 볼 수 있습니다.

다양한 종류의 화장지를 진열해서 촉감이나 향을 비교해볼 수 있도록 한 매장도 있습니다. 손으로 직접 만져서 품질을 확인할 수 있기 때문에, 평소 쓰던 제품보다 촉감이 더 좋으면 조금 비싸더라도 선택합니다.

또한 한번에 여러 종류의 화장지를 비교해볼 수 있는 기회는 드물기 때문에, 제품을 고르는 재미로도 이어집니다. 상품을 눈으로 보기만 한다면 글자로 된 정보밖에 없어서 순간적으로 선택합니다. 그러나 직접 만져보거나 향을 맡아보는 능동적인 행동을 유도하면 머무는 시간이 자연히 길어집니다.

보통은 상품에 관심을 가진 후 직접 써보고 싶어진다고 생각하기 쉽지만, 의외로 소비자는 다각도로 시험해본 다음 상품에 관심을 나타내는 반대의 패턴을 가지고 있습니다. 먼저 소비자의 구체적인 행동을 유도하고, 매장에 오래 머물게 할 장치를 생각해보는 것이 중요합니다.

정리

- 세렌디피티는, 잠재적으로 원했던 물건을 우연히 만나서 구매욕을 자극하는 트리거.
- POP 광고 등으로 상품을 소개할 때, 어떤 상황에 어울리는지 구체적인 예를 제시하면 새로운 선택이 가능하다.
- 온라인 쇼핑몰에서는 기술을 활용해서 더 많은 아이템과 만날 수 있는 동선이 늘어난다. 또한 속도가 빨라져서 만남의 기회도 늘어난다.
- 오프라인에서도 디지털에서도 세렌디피티가 증가하면 쇼핑의 즐거움이 커진다.
- 머무는 시간을 늘리는 장치가, 뜻밖의 만남을 만들어낼 확률을 높인다.

14

모두가 좋아하는 것이니 틀림없다
대세 편승

【정의】
트렌드거나 정평이 나 있어서 구매욕을 자극하는 트리거. 인기가 있거나 평이 좋으면 "사도 되겠다"라고 납득하기 때문에 REASON & BOOST에 속한다. 많은 사람들이 선택한 것이라 안심이 되고, 구매의 판단 기준이 된다. 트렌드나 기본 아이템을 챙기면 실패하지 않을 것이라는 생각이 바탕에 있다.

궁합이 잘 맞는 카테고리

 미용 관련·화장품

 편의점

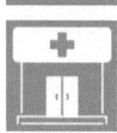 드러그스토어

평판이 좋거나 긴 줄을 보면
안심하고 살 수 있다

많은 사람들이 찾는 대세 상품이라서 사고 싶어지는 순간은 다음 두 가지입니다.

① 상품의 평이나 인기가 높다는 것을 알았을 때.
② 정평이 나 있는 트렌드임을 알았을 때.

① 상품의 평이나 인기가 높다는 것을 알았을 때.
상품이나 음식점 등을 선택할 때 리뷰나 높은 평가, 랭킹, 후기를 참고하는 경우가 당연해졌습니다. 많은 사람들에게 지지를 받고 있는지, 혹은 단점이 없는지 사전에 확인하고 평이 좋으면 안심하고 구매를 결정합니다. 이런 경험이 누구에게나 있을 것입니다.

특히 방대한 선택지 중에서 '무엇을 사야 할지' 고민될 때, 평가나 후기는 중요한 판단 기준이 됩니다. 후기나 평이 좋은 상품을 구매하고, 실제로 구매했더니 역시 좋았다고 다시 높은 평가를 하는, 이른바 인기가 인기를 부르는 사이클이 쉽게 만들어집니다.

또한 물건을 사기 위해서 사람들이 줄을 서 있거나, 눈앞에서 빠르게 팔리고 있는 모습을 보면 구매욕이 자극을 받기도 합니다.

예를 들어 아티스트의 콘서트에서 굿즈 판매 부스에 들렀을 때, 현장의 팬들이 열광적으로 물건을 사는 분위기에 휩쓸려, 원래 살 생각이 없었음에도 불구하고 뭔가를 사버리는 경험을 할 수 있습니다. 또는 분식집 앞에 줄이 길게 서 있는 모습을 보면 "분명 맛있는 집이겠지"라는 생각에 본인도 줄을 서는 행동을 쉽게 상상할 수 있습니다.

많은 사람들이 몰려 있거나 줄이 서 있는 시각적 정보는, 상품의 인기를 직관적으로 전달해주며 구매욕을 높이는 계기가 됩니다. 또한 많은 사람들이 상품을 구매하는 모습을 실제로 보면 '이 상품은 다른 사람들도 선택한 것'이라는 확신이 있어서, 안심하고 구매를 결정하는 계기가 됩니다.

기본 아이템을 세트로 구성하면 선택하기가 쉽다
최신 트렌드도 중요

② 정평이 나 있는 트렌드임을 알았을 때.

인기 있는 기본 아이템이 세트로 구성된 상품이나, 처음 사용하는 사람들을 위한 기본 패키지, 일명 '엔트리 모델'이 잘 팔리는 경우가 있습니다.

특정 상품이나 브랜드의 스테디셀러 아이템으로 구성된 세트는 "일단 이것만 있으면 된다"고 믿고 안심하게 됩니다. 특히 일정 브랜드를 처음 접하는 사람이나, 과거에 그 카테고리의 제품을 한 번도 구매한 적이 없는 초보자에게는 기본 아이템으로 구성된 세트가 가장 구매하기 쉬운 선택지입니다.

또한 스테디셀러 제품을 묶은 하나의 세트 앞에서는, 어떤 것을 골라야 할지 고민할 필요가 없어서 심리적·물리적 부담이 줄어들고 자연스러운 구매 경험이 만들어집니다. (20개의 트리거 중 프릭션리스 트리거와 관련이 있습니다.)

선택지가 너무 많으면 오히려 구매욕이 떨어지는데 이런 현상을 '선택의 패러독스'라고 합니다. 너무 옵션이 많을 경우, 어떤 제품을 사야 할지 고민하다가 쇼핑 시간이 길어질 뿐만 아니라 구매 후에도 "더 나은 선택이 있었던 게 아닐까"라는 불안과 아쉬움이 남습니다.

반면 세트 상품은 이미 여러 제품이 조합되어 있어서 선택지를 줄이고 고민 없이 구매할 수 있으므로 '선택의 패러독스'를 피할 수 있습니다. 그리고 이미 해당 브랜드의 제품을 여러 번 구매해본 고객에게도 필요한 아이템을 한번에 얻을 수 있는 효율성이 매력적이라서, 구매욕을 자극하는 이유가 됩니다.

기본 아이템 세트는 신뢰감과 안심을 주는 동시에, 고민 없이 선택할 수 있게 해서 선택에 대한 부담을 줄여주는 효과가 있습니다.

기본 아이템과 마찬가지로 최신 트렌드를 의식하는 것도 매우 중요합니다. 트렌드를 반영한 상품은 그 시대에 맞는 스타일이나 가치관을 담고 있으며, 나다움을 표현하는 수단이 되기도 합니다.

SNS를 통해 트렌드가 가시화되고 널리 공유되는 현대에는 트렌디한 제품을 통해 자신의 취향이나 가치관을 표현하고, 이것이 일종의 정체성으로 연결되는 경우도 있습니다.

사회심리학에서는 자신의 생각에 확신이 없을 때 다수의 의견에 따르게 되는 현상을 '사회적 증거(Social Proof)'라고 합니다. 트렌드를 따르는 것은 어쩌면 실패 없는 안전함을 선택하는 방식이라고도 볼 수 있습니다.

시대를 상징하는 상품을 통해 자기를 표현함과 동시에 심리적인 안정감과 소속감을 얻을 수 있다는 점이 큰 특징입니다.

성공사례 · 특정비영리활동법인서점대상실행위원회, '서점대상'

서점 직원들이 투표로 선정한 '지금 꼭 읽어야 할 좋은 책'

'서점대상'은 서점 직원이 "재밌있었다", "고객에게도 추천하고 싶다", "우리 매장에서 판매하고 싶다"라고 느낀 책에 투표하여 선정하는 상입니다. 특징은 상품인 책과 고객인 독자를 가장 잘 이해하는 서점 직원이 직접 투표해서 선정한 작품이라는 점입니다.

평소에 책을 잘 읽지 않는 사람들에게도 친숙하고 공감되는 작품들이 많이 노미네이트되었습니다. 일본을 대표하는 문학상인 아쿠타가와 상이나 나오키 상에 필적하는 인지도를 가진 문학상입니다. 수상작 중에는 밀리언셀러의 작품도 적지 않으며, '서점대상' 수상을 계기로 영화나 드라마로 만들어지는 경우도 있습니다.

'서점대상'은 독자들의 "상품에 대한 평가나 인기가 높은 책을 알고 싶다"는 마음에 공감하고 있습니다. 평소 책을 잘 읽지 않지만, 유행하는 좋은 책을 읽고 싶다는 사람이 많습니다. 하지만 서점의 판매 순위만으로는 그 책의 내용이 정말 좋다고 확신할 수 없어서 구매로 이어지지 않는 경우가 있습니다. '지금 읽어야 할 좋은 책'을 알고 싶다는 사람들을 위해서, 서점 직원들이 '서점대상'을 선정합니다.

서점 직원은 매장에서 고객을 응대하면서 어떤 유형의 사람이 어떤 책을 원하는지 파악하고 있을 뿐 아니라, 단순히 잘 팔리는 책이 아니라 내용이 좋은 책을 선택하는 심미안도 가지고 있습니다. 책과 고객 둘 다 가장 잘 이해하고 있는 서점 직원의 추천이기 때문에 그 정보는 신뢰할 수 있고 구매욕을 높여줍니다.

또한 2004년부터 오랫동안 이어져 온 노력은 문학상으로서의 신뢰도를 높이고 있습니다. '서점대상'에 선정되는 책은 그 해를 대표하는 좋은 책이라는 이미지를 얻습니다. '서점대상'이 성공한 이유는, 서점 직원들의 "이 작품은 꼭 추천하고 싶다!"는 열정, 전

▌전국 서점 직원이 선택한 가장! 팔고 싶은 책/ 2025년 노미네이트 결정! 서점대상
▌2004년 창설된 '서점대상'은 주요 문학상으로 정착. (이미지 제공: 서점대상실행위원회)

국 서점 직원들의 투표로 선정된 (근거 있는) 인기, 그리고 2004년부터 매년 지속되어 온 신뢰에 있다고 할 수 있습니다.

많은 사람들이 선택했다는
사실을 강조한다

'대세 편승' 트리거를 효과적으로 자극하는 방법과 핵심 노하우 두 가지를 소개합니다.

먼저 '언제·어디서·누구에게 인기가 있는지를 보여주는 것'입니다. 정보의 관점을 바꾸면 인기가 있다는 사실을 더 잘 표현할 수 있습니다. 우선 기간의 구분 방식을 생각해봅시다. 현재의 트렌드를 반영한 인기인지, 오랜 시간 변함없이 사랑을 받아온 인기인지, 기간을 구분하는 것만으로도 전혀 다른 의미의 '인기'를 연출할 수 있습니다.

트렌드를 전달할 때 구체적인 시간대나 계절을 강조하면, 소비자는 이 상품이 지금 이 순간 유행하고 있음을 쉽게 알 수 있습니다. 예를 들어 '올여름, 10만 명이 선택한 히트 상품'과 같은 방식으로 어필하는 것이 효과적입니다. 반면, 정통성이나 스테디셀러 느낌을 전달할 때는 '10년 연속 1위'와 같은 표현이 적절합니다. 상품이나 브랜드가 가진 자산에 맞게 트렌드 느낌을 전달할 것인지, 아니면 정통성을 강조할 것인지, 홍보 방식을 신중하게 검토할 필요가 있습니다.

다음은 '어디에서 인기가 있는지'라는 관점에서 접근해봅시다. 이는 장소나 특정 카테고리에서 얼마나 인기가 있는지를 나타내는 방법입니다. 예를 들어 '도쿄역 기념품 인기 랭킹 1위', '반찬 코너 인기 상품 TOP 3'와 같은 표현입니다. 또한 실제 매장만이 아니라 온라인에서의 주목도를 알리는 것도 효과적입니다. 'SNS에서 화제의 ○○', '온라인에서 품절 대란'과 같은 표현을 사용하면 주목받는 인기 상품임을 연출할 수 있습니다.

마지막으로 '누가 선택한 상품인지'라는 관점으로 가치를 강화하는 방법이 있습니다. 해당 업계 전문가나 애호가가 선택한 실적을 보여주면 인기의 정도를 전달할 수 있습니다. 예를 들어 '프로 전용', '유명 셰이프가 극찬한 ○○' 등이 그 예입니다.

더 나아가 특정 세대나 속성의 사람들에게 인기 있는 상품임을 전달함으로써 "나와 생각이나 가치관이 비슷한 사람들이 선택한 상품이라면 틀림없겠지"라는 확신을 줄 수 있습니다. '건성 피부의 30대가 선택한 스킨케어 상품'과 같이, 누구에게 인기가 있는지 명확하게 전달하는 것이 중요합니다.

다음은 '**수요의 가시화**'입니다. 줄이 길거나 대기 시간이 길다는 점, 최근 한 시간 동안의 구매자 수, 재고 수량 표시 등은 많은 사람들이 그 상품을 원하고 있다는 사실을 보여주는 것으로 '인기'를 실감하게 합니다. 무의식적으로 인기의 정도를 전하는 방법도 있습니다.

진열대 좌우로 동일한 상품을 가득 채우는 것만으로도 인기 있는 상품으로 보이게 할 수 있습니다. 예를 들어 진열대에서 특정 제조사나 브랜드가 차지하는 면적이 크면 클수록 소비자는 그 브랜드명을 더 자주 접하고 자연스럽게 기억에 남아, 많은 사람들이 선택하는 인기 상품이라고 인식하게 됩니다.

정리
- □ '대세 편승'은, 트렌드거나 정평이 나 있는 아이템이라서 구매욕을 자극하는 트리거.
- □ 인기가 많고 평이 좋으면 "이건 사도 되겠다"라고 납득하기 때문에 REASON & BOOST에 속한다.
- □ 트렌드, 평판, 구매자의 존재를 알리는 것으로 소비자의 구매욕을 자극할 수 있다.
- □ '대세 편승'을 자극하는 기획을 만들기 위한 힌트는, '기간·장소·누구·어떤 관점에서의 인기인가를 보여주는 것'과 '수요의 가시화'.

3부

"사고 싶다"는 마음을 유지시키는 3개의 트리거
LOVE & KEEP

15

부담 없이 쉽게 살 수 있어서 좋다
마이페이스

【정의】
제약 없이 내 마음대로 쇼핑할 수 있어서 구매로 이어지는 트리거. LOVE & KEEP에 속한다. 돈이나 시간 등의 제약이 없으면 쇼핑을 편하게 즐길 수 있으므로 'LOVE', 직원과의 거리가 적당해서 자신만의 페이스를 유지할 수 있으면 구매욕이 떨어지지 않는 'KEEP', 두 요소의 조합.

궁합이 잘 맞는 카테고리

 식품·음료

 생활필수품·욕실제품

 미용 관련·화장품

쇼핑의 부담감에서 해방

'마이페이스'로 쇼핑할 수 있어서 구매로 이어지는 순간은 다음 두 가지입니다.

① 제약 없이 즐길 수 있을 것 같을 때.
② 자신의 페이스로 쇼핑할 수 있을 것 같을 때.

각각 살펴보겠습니다.
① 제약 없이 즐길 수 있을 것 같을 때.
쇼핑에서 제약 요소는 무엇일까요? 쇼핑에만 국한되지 않고, 우리가 무언가를 하려고 할 때 항상 따라붙는 두 가지 제약은 바로 '돈'과 '시간'입니다.
'가성비'와 '타이파'(시간 대비 효율)라고 할 수 있습니다. 투자한 돈과 시간에 대해 어떤 대가를 얻을 수 있는가에 대한 판단이 점점 엄격해지고 있습니다.
물가 상승으로 시장 가격이 전반적으로 오르고 있어서 조금이라도 절약하고 싶다는 소비자의 요구가 강해지고 있습니다.
'100엔 숍'이나 '센베로'(1천 엔으로 취할 수 있는 저렴한 술집을 뜻하는 속어)와 같이 가격을 명확하게 제시하고, 가격 이상의 가치를 제공하는 가게가 인기를 끌고 있습니다.
한편 가구·가전제품·자동차 등과 같은 물건을 렌탈하는 서비스를 제공하는 기업도 늘어나고 있습니다. 소비자 입장에서는 초기 비용을 줄이고 부담 없이 이용할 수 있다는 장점이 있습니다.
또한 하쿠호도쇼핑연구소의 조사에 따르면, 소비자가 쇼핑에 들이는 시간이 점점 줄어들고 있는 추세라고 합니다. 이런 경향은 일하는 여성이 증가하고 있는 사회적 변화와 관련이 있습니다. 소비자는 시간을 들이지 않고 빠르게 고르고 싶다, 혹은 자신의 시간에 맞춰 쇼핑하고 싶다는 요구가 강해졌습니다.

- 언제 어디서든 쇼핑할 수 있는 전자상거래.
- 온라인에서 구매한 상품을 오프라인 매장에서 수령할 수 있는 BOPIS(Buy Online, Pick-up In Store) 서비스.
- 사전 예약이나 추가 요금으로 줄을 서지 않고 이용할 수 있는 패스트패스 서비스.

기술 발전을 배경으로 '시간 절약형 서비스'가 등장해서 많은 사람들이 이용하고 있습니다.

호불호가 갈리는 '고객 응대'와 '결제 방식'

② 자신의 페이스로 쇼핑할 수 있을 것 같을 때.

자신의 페이스를 흐트러뜨리는 요인을 생각해보면 이해하기 쉬울 것입니다. 이를테면 쇼핑 경험에서 호불호가 갈리는 요소 중 하나가 '고객 응대'입니다. 무엇을 골라야 할지 망설이고 있을 때 직원의 조언은 도움이 됩니다만, 한편으로는 안 사면 안 될 것 같은 압박을 느끼는 경우도 있습니다.

이런 문제를 해소한 대표적인 예가 화장품 판매입니다. 상담을 받으면서 제품을 고르고 싶은 사람은 백화점이나 뷰티 어시스턴트가 있는 매장을, 혼자서 자유롭게 고르고 싶은 사람은 H&B 스토어(헬스 앤 뷰티 스토어, '드러그스토어'라고도 함)나 로드샵을 이용하면 됩니다. 또한 상담은 받고 싶지만, 자신이 원하는 타이밍에 말을 걸고 싶은 니즈에 대응하기 위해, 직원이 그 자리에 없어도 온라인 상담으로 문의할 수 있는 코너를 마련한 오프라인 매장도 있습니다.

'고객 응대'와 마찬가지로 호불호가 갈리는 것 중 하나가 '결제 방식'입니다. 최근 슈퍼마켓에서는 계산대의 종류가 다양해졌습니다. 예전에는 직원이 바코드를 스캔해주는 '유인 계산대'가 일반적이었지만, 최근에는 고객이 직접 스캔하는 '셀프 계산대'가 늘고 있습니다. 제가 자주 가는 슈퍼마켓에도 유인 계산대보다 셀프 계산대가 더 많아졌습니다. 도입 초기에는 당황하는 이용자도 있었지만, 3~4개월 정도 지나자 자연스럽게 이용하고 있습니다. 소비자는 구매 물품의 양이나 계산대의 혼잡도에 따라 자신이 원하는 계산 방식을 선택합니다.

더 나아가 카메라, 센서, AI 등을 통해 자동으로 상품 인식과 결제가 이루어지는 '계산대 없는 매장'도 점차 확산되고 있습니다. 구매하려는 물건을 집어 들고 걸어 나가면 자동으로 계산되는 시스템입니다. 반대로 자신의 속도에 맞춰 천천히 계산할 수 있고, 직원이 정중하게 응대해주는 '슬로 계산대'를 도입한 매장도 있습니다. 이러한 매장은 고령자와 어린아이를 동반한 고객들로부터 좋은 반응을 얻고 있습니다.

자신의 페이스에 맞는 결제 방식을 선택할 수 있으면 쇼핑에 따른 사소한 스트레스가 없어집니다. 쾌적함이 향상되어 그 매장을 이용하는 이유가 됩니다.

매장에는 천천히 고르고 싶은 사람, 빨리 볼 일을 끝내고 싶은 사람이 있습니다. 결제 방식 외에도 자신의 페이스에 맞춰 '이용 방법'을 선택할 수 있는 노력이 필요합니다.

성공사례

RIZAP 주식회사, 'chocoZAP'

언제라도 부담 없이 이용할 수 있는 편의점형 헬스장

'초코잽(chocoZAP)'은 퍼스널 트레이닝 전문 브랜드인 RIZAP이 2022년 7월에 새롭게 선보인 '편의점형' 헬스장입니다. 월 이용료는 3,278엔(세금 포함)이며, 편의점처럼 연중무휴 24시간 자유롭게 이용할 수 있습니다.

초코잽은 마이페이스와 관련된 핵심 요소인 '요금', '운영 시간', '고객 응대', '이용 방법' 등 모든 면에서 기존 회원제 헬스장의 상식을 뒤집었습니다. 그 결과 업계의 게임체인저적인 존재가 되어 빠르게 성장하고 있습니다. 왜 기존의 상식을 뒤집었을까요? 코로나19 팬데믹으로 헬스장이 영업 중단을 피할 수 없게 된 경험을 바탕으로, 새로운 업태의 헬스장을 개발했기 때문입니다.

회원제 헬스장의 월 이용료는 평균적으로 5천 엔에서 1만 엔 정도입니다. 이를 대폭 낮춰 놀라운 가격을 책정했습니다. 가격설정 배경에는 A/B 테스트(두 가지 또는 그 이상의 버전을 사용자에게 보여주고, 어느 쪽이 더 나은 성과를 내는지 비교하는 실험 방법)를 수없이 반복한 시행착오가 있습니다. 예를 들어 조금 더 높은 가격이나, 30분 이용하는 데 ○○엔이라는 식의 요금 제도까지 검토했다고 합니다.

그 결과 "자주 못 가더라도 손해 볼 가격이 아니니, 일단 가입하자"는 심리를 자극하는 현재의 가격을 채택했습니다. 언제든지 원할 때 갈 수 있다는 점을 중요하게 생각한 지침이 반영된 결과입니다.

출근 전이나 퇴근 후에도 다니기 편하게, 24시간 영업하는 헬스장이 늘어나고 있습니다.

게다가 365일 연중무휴라면 더욱 편리합니다. 초코잽은 이뿐만 아니라, 입지에도 신

chocoZAP

▌ "아주 작은 차이"라는 손가락 사인이 특징인 로고. (이미지 제공: RIZAP)

▌ 생활권에 매장을 연 초코잽은 그야말로 '편의점형 헬스장'. (이미지 제공: RIZAP)

▌ 앞쪽에 배치한 것이 인기가 많은 러닝머신. (이미지 제공: RIZAP)

경을 쓰고 있습니다.

헬스장은 이용 편의성 때문에 지하철역과 가까운 최고 입지에 자리 잡는 경우가 많은데, 초코잽은 주택가에도 많습니다. 코로나19 팬데믹으로 재택근무가 증가하자 땅값이 비싼 역세권뿐만 아니라, 집에서 걸어 몇 분 이내에 갈 수 있는 주택가에 매장을 오픈해서 더욱 가까운 존재가 되었습니다.

RIZAP은 일대일 맞춤형 서비스를 강점으로 내세웠지만 코로나19 팬데믹으로 사람과 사람이 접촉하기 어려워지면서, 초코잽은 무인점포 방식을 채택했습니다.

그 대신 매장에 다수의 AI 카메라를 설치해 상시 모니터링하면서 운영하고 있습니다. 이 과정에서 흥미로운 발견도 있었다고 합니다. 살이 잘 빠지는 몸을 만들려면 근육량을 늘리는 근력 운동이 중요했으므로 RIZAP에서는 근력 운동 기구를 많이 배치했습니다. 그런데 AI 카메라로 분석한 결과, 유산소 운동이 더 인기가 많아서 대기 시간이 발생하고 있었습니다. 그래서 지금은 유산소 운동 기구 수를 늘렸다고 합니다.

무인점포이므로 AI 카메라 기술을 구사해서 고객이 사용하기 편리한 헬스장을 만들기 위한 노력을 매일매일 하고 있습니다.

초코잽은 운동 초보자들도 헬스장을 꾸준히 다닐 수 있도록, 철저하게 초보자의 마음에 공감하며 배려하고 있습니다. 그래서 운동할 때도 옷을 갈아입을 필요 없이 평상복 그대로 운동할 수 있는 참신한 이용 방식을 내세웠습니다.

실제로 정장이나 평상복 차림 그대로 가볍게 운동하는 이용자가 많다고 합니다. 헬스장에 갈 때 운동화나 운동복을 챙기는 번거로움을 없애고, 갈아입는 수고를 줄여 간편하게 이용할 수 있도록 한 것입니다.

초코잽의 '마이페이스'는 앞서 언급한 '요금', '시간', '응대', '이용 방법' 네 가지에만 그치지 않습니다. 운동이나 건강이라는 가치 외에도 다양한 서비스를 제공함으로써 '헬스장=운동하는 곳'이라는 개념 자체를 크게 바꾸었습니다.

예를 들어, 제공하는 서비스 중에는 셀프 에스테틱, 노래방, 세탁실, 안마의자 등이 있습니다.

  노래방에서 놀거나 에스테틱에서 힐링을 하거나 세탁실에서 빨래를 하는 등 운동이 아니라 기분 전환이 방문의 계기가 되기도 합니다. 그렇게 와서 옆에서 운동하고 있는 사람을 보고 동기 부여가 되어, 세탁을 기다리는 시간에 잠시 운동을 해보기도 합니다. 우선은 어떤 이유든 방문하도록 만드는 것에 집중하며, 재미있게 지속할 수 있는 서비스를 설계하고 있습니다.

'귀찮은 순간'과 '발상의 전환'으로
마이페이스를 유지할 수 있다

이번에는 실제로 '마이페이스' 트리거를 자극하는 두 가지 방법을 소개합니다. 첫 번째는 '**귀찮은 순간**'을 발견하는 것입니다. '개선점'이나 '과제' 등 큰 주제에 접근하면 근본적인 문제에 부딪혀서 단기간에 해결하기 어려운 경우가 있습니다. 하지만 '귀찮은 순간'이라는 개념으로 접근하면, 일상 속에서 자신만의 리듬이 흐트러지는 사소한 불편함을 포착할 수 있습니다. 이를테면 다음과 같은 예를 들 수 있습니다.

- 가격: 가격 비교가 귀찮아서 균일가 매장을 이용.
- 결제 방법: 계산대에 줄서는 게 귀찮아서 셀프 계산대 이용.

초코잽의 '운동복이나 운동화를 갈아입지 않아도 되는' 시스템 역시, '귀찮은 순간'을 포착해서 서비스 영역을 확장한 사례입니다. 이런 성가시고 번거로운 순간들을 해결해나가면 고객이 더 쉽게 이용할 수 있는 환경이 만들어집니다.

두 번째는 '**발상의 전환**'입니다. 특히 생활 습관처럼, 무엇이 옳은지는 알고 있어도 쉽게 실천하기 어려운 일에 적용할 수 있는 사고방식입니다. "○○해야 한다", "○○하면 안 된다"와 같은 발상으로는 제약을 없애지 못해서 지속하기 어렵습니다. 오히려 "무리하지 않는 선에서 ○○해도 된다"라는 가벼운 동기를 만드는 것이 중요합니다.

초코잽의 사례도 이에 해당합니다. "최고의 환경에서 운동하자"가 아니라, "셀프 에스테를 하러 간 김에 운동도 할 수 있다"는 동기 부여를 통해, 이용자가 자신의 페이스로 하고 싶은 일을 자유롭게 할 수 있는 환경을 제공합니다.

이렇게 하면 또 방문하고 싶어지고, 단골손님이 생깁니다.

정리
- 마이페이스는, 제약 없이 내 마음대로 쇼핑할 수 있는 트리거.
- 사람들이 제약을 느끼는 두 가지 요소는 '비용'과 '시간'이다. 자기만의 페이스를 유지하려면 호불호가 갈리는 '고객 응대'나 자신에게 편리한 '결제 방식' 등이 중요하다.
- 마이페이스를 자극하기 위해서는 '귀찮은 순간' 발견과, '발상의 전환'이 필요하다.

16

사소한 불편함만 없애도 쇼핑이 즐거워진다
프릭션리스

【정의】
쇼핑할 때 정신적·물리적 어려움이나 부담이 적어서 구매로 이어지는 트리거. 쇼핑할 때 스트레스가 많으면 사고 싶은 마음이 없어지므로 LOVE & KEEP에 속한다. 프릭션리스(Frictionless, 쇼핑 중에 느끼는 스트레스나 번거로움이 없고, 마찰을 최소화하거나 제거하는 것)를 제공하여 심플하고 원활한 쇼핑이 이루어지면 구매욕이 자연스럽게 상승한다.

궁합이 잘 맞는 카테고리

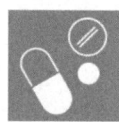 의약품·영양제    식품·음료

 온라인 쇼핑몰

알고 싶었던 정보가 명확하게 제시되면
구매욕이 생긴다

'프릭션리스' 때문에 사고 싶어지는 순간은 다음 세 가지입니다.

① 알고 싶은 정보를 바로 알 수 있을 때.
② 쇼핑에 드는 시간과 수고가 적을 때.
③ 상품 선택이나 결제 수단의 부담이 적을 때.

각 항목에 대해서 설명하겠습니다.
① 알고 싶은 정보를 바로 알 수 있을 때.
우리가 상품을 "갖고 싶다"고 느낀 후 실제로 구매를 결정하기까지는 가격, 기능, 사이즈, 소재, 보증 내용 등 다양한 정보가 필요합니다. 이런 정보들이 명확하고 이해하기 쉬울수록 고민하는 데 드는 시간이 줄고, 결과적으로 구매 장벽이 낮아집니다. 필요한 정보가 제대로 갖춰져 있으면 정신적인 부담도 자연스럽게 가벼워집니다.

따라서 정보를 한눈에 파악할 수 있는 디자인이나 직관적으로 선택할 수 있는 인터페이스(Interface, 고객과의 접점)도 매우 중요합니다. 또한 설명은 간결하고 알기 쉬워야 합니다. 설명이 복잡하거나 전문 용어가 많으면 스트레스를 불러일으켜 구매를 포기하게 만드는 원인이 되기도 합니다.

제품의 특징이나 장점을 간단한 언어로 전달하고, 도표나 사진 같은 시각적 설명을 활용하면 구매 결정을 더욱 자연스럽게 유도할 수 있습니다.

가능한 편하게, 그리고 짧은 시간에 사고 싶다

② 쇼핑에 드는 시간과 수고가 적을 때.

소비자가 쇼핑에서 불편함을 느끼는 대표적인 요소는 바로 '시간'과 '수고'입니다. 특히 매일 바쁘게 살아가는 사람들에게는 시간과 수고가 적게 드는 효율적인 쇼핑일수록 만족도가 더 높습니다.

식료품, 생필품, 의류 등을 한번에 구매할 수 있는 대형 슈퍼마켓이나 쇼핑몰에 사람들이 모이는 이유도 한번에 쇼핑을 끝내고 '시간'과 '수고'를 줄이고 싶은 마음이 깔려 있기 때문입니다.

최근 주목을 받고 있는 매장 형태 중 하나가, BOPIS(Buy Online, Pick-up In Store)입니다. 이는 소비자가 온라인으로 상품을 주문하고, 가까운 매장에서 직접 픽업할 수 있는 서비스입니다. 상품을 찾는 수고를 줄일 수 있고 짧은 시간에 상품을 수령할 수 있으며, 온라인에서 재고 확인도 가능하기 때문에 편리한 쇼핑 체험을 제공합니다. 따라서 이런 방식을 도입하는 기업들이 늘고 있습니다.

AI, VR, 다양한 결제 수단 등
최신 기술로 스트레스 없는 쇼핑

③ 상품 선택이나 결제 수단의 부담이 적을 때.

이전에는 어렵게 느꼈던 장벽도, 기술이나 서비스의 아이디어로 해결되면 쇼핑에 대한 스트레스가 확 줄어들고 구매 욕구가 높아지는 경우가 있습니다. 예를 들어 사이즈나 디자인을 선택하기가 번거로운 패션 아이템을 구매할 때, AI가 개인의 취향이나 과거 구매 데이터를 기반으로 추천 상품을 제안해주는 시스템이 있다면, 그 정보를 참고해서 쉽게 선택할 수 있습니다.

또한 인테리어 상품을 가상공간에 배치하거나 이미지로 확인할 수 있는 VR 기술이 있다면 안심하고 구매 결정을 내릴 수 있습니다. 이런 서비스는 구매에 대한 불안을 줄이고, 만족도 높은 쇼핑 체험을 실현해줍니다.

자신에게 맞는 결제 수단으로 원활하게 결제할 수 있는 것 역시, 프릭션리스 쇼핑 체험을 제공하기 위한 중요한 요소입니다. 신용카드, 전자화폐, 모바일 결제, 후불 결제 등 다양한 결제 방법 중에서, 구매자는 자신에게 맞는 방법을 무의식적으로 기대합니다. 현금만 받는 가게에서 어쩔 수 없이 구매를 포기한 경험이 있는 분도 있을 것입니다.

원터치로 결제할 수 있다면, 보다 스트레스 없는 쇼핑 체험으로 이어집니다. 지갑을 꺼내지 않고 스마트폰만으로 결제 가능한 전자화폐가 널리 퍼진 것도 프릭션리스의 영향입니다. 이렇게 원활하게 결제할 수 있는 환경은 구매 장벽을 낮추고 쇼핑 경험의 전체적인 만족도를 높이는 데 기여합니다.

성공사례

주식회사 다이소 산업, 'DAISO 앱'

물건은 100엔이지만
'프릭션리스'는 포기할 수 없다!

프릭션리스 성공 사례로 다이소의 'DAISO 앱'을 소개합니다.

여러분 중에도, 여러 매장을 돌아다녔지만 원하는 물건을 결국 찾지 못한 경험이 한두 번은 있을 것입니다.

이런 고민을 해결하기 위해서 2024년에 'DAISO 앱'이 도입되었습니다.

이 앱은, 다이소가 운영하는 'DAISO', 'Standard Products', 'THREEPPY' 세 가지 브랜드의 재고 정보를 간단하게 확인할 수 있는 서비스입니다. 찾고 있는 상품이 가까운 어느 매장에 있는지를 쉽게 체크할 수 있습니다.

예를 들어 SNS에서 화제인 상품이 궁금할 때, 이 앱을 통해서 즉시 재고 상황을 확인할 수 있습니다. 원하는 상품이 어느 매장에 있는지 정확히 알 수 있기 때문에, 헛걸음을 할 필요가 없고 쇼핑 시간과 수고를 대폭 줄일 수 있습니다.

이 앱이 개발된 배경에는, 다이소가 취급하는 상품 수량이 방대하기 때문인 점도 있습니다.

다이소가 취급하는 상품은 약 7만 종에 달하며, 매장 규모에 따라 진열 상품도 다릅니다. 그렇기 때문에 구매하고 싶은 상품이 있다고 해도 가까운 매장에는 없거나, SNS에서 인기를 끌면 품절되는 일이 자주 발생하곤 합니다.

앱이 출시되기 전에는 매장 내 재고를 확인하기 위해서, 직원에게 물어보는 방법밖에 없었습니다. 하지만 바빠 보이는 직원에게 말을 거는 것은 고객 입장에서 심리적으로 큰 부담입니다.

한편 매장 직원의 입장에서도 재고 관련 문의가 많으면, 응대 서비스의 질이 저하될

▌ 원하는 상품의 재고 상태를 한눈에 확인할 수 있어서 호평을 받고 있다.
 (이미지 제공: 다이소산업)

▌ 간단하게 주변 매장을 확인할 수 있다.
 (이미지 제공: 다이소산업)

우려가 있습니다. 재고 조회 기능이 탑재된 앱은 이런 상황을 개선하기 위해 개발되었습니다. 출시된 앱은 큰 반향을 불러일으켰으며, 다운로드 수가 300만 건을 돌파했습니다.

 "가기 전에 재고를 확인할 수 있다", "원할 때마다 직접 확인할 수 있다"는 이용자들의 긍정적인 평가가 많았으며, 재고 문의나 불만 접수가 줄어들어 직원들의 업무 효율성 개선에도 기여하고 있습니다.

앱 이용자의 비율은 젊은 층이 높으며, 자주 검색되는 상품은 캐릭터 굿즈, 재해 대비 용품, 이벤트 관련 상품 등입니다.

개발자는 "이메일 주소나 비밀번호를 등록할 필요가 없어서, 누구나 쉽게 바로 이용 가능한 시스템입니다. 복잡한 서비스를 제공하기보다는 검색 속도와 응답 속도를 중요시했습니다"라고 했습니다. 개발 초기 단계부터 프릭션리스를 의식한 설계임을 알 수 있습니다.

시간, 수고, 접근성
스트레스의 원인을 재점검한다

소비자의 입장에서 상품이나 매장을 다시 점검하고, 스트레스 없는 쇼핑 체험이 가능한지 확인해봅시다.

- 계산대 대기 시간이나 상품의 위치.
- 원하는 물건을 찾는 데 드는 수고.
- 상품 취급 여부 확인.

오프라인 매장에서 쇼핑할 때는, 스트레스 유발 요소를 파악하고 개선 방안을 모색하는 것이 효과적입니다.

예를 들어, 계산대 대기 시간에 대한 스트레스를 줄이기 위해서는 다음과 같이 대응할 수 있습니다.

- 셀프 계산대 도입으로 고개 응대 인원을 늘린다.
- 소량 구매 소비자를 위한 전용 계산대를 마련한다.

온라인 쇼핑의 경우, 페이지가 표시될 때까지 기다리는 시간이나 구매 시 필수로 입력해야 하는 정보가 너무 많은 것 등이 스트레스 요인입니다. 이런 스트레스를 줄이기 위해서 페이지 구성의 재정비나 입력 보조 시스템의 도입 등, 지속적인 개선을 통해 '사고 싶은' 마음을 유지하도록 해야 합니다.

한편 **고령자의 쇼핑 스트레스를 줄이는 일도 매우 중요합니다.** 일본 후생노동성에 따르면, 2040년에는 65세 이상의 인구가 전체 인구의 약 35%에 이를 것으로 예상됩니다. 고령 소비자들이 스트레스 없이 쇼핑할 수 있는 환경을 지금부터 갖추어야 합니다.

고령자가 쇼핑에서 느끼는 스트레스로는 글자가 잘 보이지 않는다, 높은 데 있는 상품에 손이 닿지 않는다, 무거운 물건을 들 수 없다, 셀프 계산대의 사용 방법을 몰라 당황스럽다 등이 있습니다. 지금 고령자들은 이런 다양한 문제에 직면해 있습니다.

이와 같은 스트레스를 줄이려면 매장 내 표기나 상품 패키지에 적힌 정보를 크고 읽기 쉬운 글꼴로 바꾸고, 쉴 수 있는 공간을 제공해야 합니다. 또한 상품 진열을 재배치하여 손이 쉽게 닿을 수 있도록 조정하고, 제품이나 용기의 형태 및 무게를 개선하여 휴대하기 쉽게 만드는 등의 대응책이 필요합니다.

쇼핑 중에 "**상품이 어디 있는지 모르겠다**"는 스트레스를 느끼는 경우도 적지 않습니다. 이 문제를 해결하려면 카테고리별로 색상이나 아이콘을 이용해서 알기 쉬운 안내 표지를 설치하거나, 앱으로 상품이 놓인 진열대 위치를 검색할 수 있는 시스템을 도입하는 것이 효과적입니다.

정리

☐ 프릭션리스는, 정신적·물리적 어려움이나 부담이 적어서 구매로 이어지는 트리거.
☐ 쇼핑할 때 스트레스가 많으면 구매욕이 사라지기 때문에, LOVE & KEEP 영역으로 분류한다.
☐ 원활하고 단순하고 효율적인 쇼핑이 가능하면 "사고 싶다"는 마음을 유지할 수 있다.
☐ 프릭션리스를 자극하기 위한 힌트는, '스트레스의 원인을 재점검하는 것'.

17

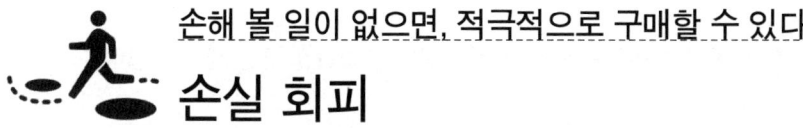

손해 볼 일이 없으면, 적극적으로 구매할 수 있다

손실 회피

【정의】
쇼핑할 때 실패하거나 손해 보지 않는다는 확신이 있어서 구매로 이어지는 트리거. LOVE & KEEP에 속한다. 요즘은 평판을 쉽게 접할 수 있기 때문에 "과연 이걸 사도 괜찮을까?"라는 걱정이 많아졌다. 행동경제학에서도, 무언가를 얻는 것보다 손해 보지 않는 것을 높게 평가한다는 실험 결과가 있다. 품질, 양, 가격 면에서 "손해 보지 않는다"는 보장이 있을 때 구매하고 싶은 마음이 식지 않는다.

궁합이 잘 맞는 카테고리

 온라인 쇼핑몰

 취미와 관련된 상품
(책/음악/영상·동영상 등)

 가전·전자제품

 식품·음료

절대로 피하고 싶은
'생각했던 것과는 다른 품질'

'손실 회피'가 가능해서 구매욕이 생기는 순간은 다음 세 가지입니다.

① 품질에 문제가 없다고 생각될 때.
② 구매하는 양이나 사이즈가 적절할 때.
③ 유리한 타이밍을 선택했을 때.

각각에 대해서 설명하겠습니다.
① 품질에 문제가 없다고 생각될 때.
"오늘날 소비자에게 좋은 쇼핑이란, 결점이 없고 기대치에 만족할 수 있는 것입니다." 이 말은 대형 유통기업 바이어의 이야기입니다. 그렇다면 품질 면에서 기대에 미치지 못해 실망하는 경우는 어떤 때일까요?

예를 들어 온라인 쇼핑몰이나 중고거래 앱에서 구매 후기를 조사하고 판매자에게 직접 질문해서 품질을 어느 정도 확인했음에도 불구하고, 실제로 상품이 도착했을 때 새 제품인 데도 흠이 있거나 의류의 올이 풀려 있는 경우가 종종 있습니다. 오프라인 매장에서 꼼꼼히 살펴보고 마음에 들어 구매한 상품이라도, 나중에 SNS에서 부정적인 정보를 접하면 자신의 쇼핑이 부정당한 것 같아서 기분이 나빠집니다. 무엇이라도 조사할 수 있는 편리한 시대지만 온라인, 오프라인을 막론하고 품질에서 실패할 위험은 존재합니다.

소비자가 "품질에 문제가 없다"고 느끼는 순간은 어떤 경우일까요? 한 예로 '부정적 요소가 사전에 설명되어 있는 경우'입니다. 왜 저렴한지, 어느 부분에서 비용을 절감했는지, 반대로 왜 비싼지에 대한 정보가 공개되어 있을 경우 소비자는 실패 리스크를 줄일 수 있습니다. "품질이 기대에 미치지 못했다"라는 인식은, 기대와 실제가 다를 때의 괴리에서 발생하기 때문에, 처음부터 알고 있다면 그것을 감수할지 말지 판단할 수 있습니다. 그래서 일부러 혹평이나 부정적인 리뷰를 찾아보고 구매를 결정하는 소비자들도 적지 않습니다.

최근의 레트로 열풍도 일종의 '손실 회피' 심리라고 볼 수 있습니다. 쇼와시대(1926~1989년)의 음악, 전통 다방, 대중목욕탕 그리고 Y2K(1990년대 후반에서 2000년대 초에 유행했던 패션 스타일) 등이 Z세대(1990년대 후반에서 2010년대 초반 사이에 태어난 세대)에서 인기를 끌고 있습니다.

일반적으로는 '귀여움'이나 '인스타 감성'처럼 외적인 신선함, 그리고 말로 표현하기 어려운 감정의 울림이 주된 요인으로 꼽힙니다. 이뿐만 아니라 '과거의 유행'이라는 실적이 고전으로서의 본질적인 매력이나 확실한 가치에 대한 보증으로 작용하고 있다는 점도 간과할 수 없습니다. Z세대에게 레트로란, 기이하고 독특한 모험이면서 동시에 실패 없는 선택이기도 합니다.

"이게 진짜 가성비가 좋은 걸까?"
너무 크거나 너무 많아서 생기는 문제를 피하고 싶다

다음은 식품이나 소모품에서 자주 볼 수 있는 ② **구매하는 양이나 사이즈가 적절할 때**.

과거에는 '대용량=가성비 좋음'이라는 인식이 일반적이었지만, 최근에는 상황이 달라졌습니다. 다 먹지 못해 버리면 오히려 손해고, 부패하지 않는 제품이더라도 다 쓰지 못하고 남기면 결국 낭비이기 때문입니다.

이처럼 '너무 많아서 실패하는' 상황을 피하는 데 효과적인 방법이, 바로 소포장 제품입니다. 소포장은 남기지 않고 다 쓸 수 있다는 장점 외에도, 매번 신선한 상태로 즐길 수 있다는 가치가 있습니다.

또한 새 제품을 시험 삼아 써보고 싶을 때도, 소포장은 매우 유용합니다.

일본 국립사회보장·인구문제연구소가 발표한 '2024년 일본 가구 수의 장래 추계'에 따르면, 2025년에는 1인 가구가 전체의 약 40%를 차지합니다. 이후 15년 정도는 1인 가구의 비중이 계속 증가할 추세이므로, 앞으로도 소포장 제품의 수요는 더욱 높아질 것 같습니다.

원할 때 사느냐
할인할 때까지 기다리느냐

③ 유리한 타이밍을 선택했을 때라는 포인트도, 쇼핑 욕구를 유지하는 데 중요한 요소입니다.

저도 구매 후에 세일이 시작되거나, 인터넷에서 할인 광고를 보고 "더 싸게 살 수 있었는데" 하면서 후회한 경험이 여러 번 있습니다. 이제는 인터넷으로 가격을 확인하기가 쉬워서 구매 시점에 따라 손해인지 이득인지 알게 되는 경우도 많습니다.

"구매 타이밍에서 손해를 보지 않았다"고 느끼는 순간은 언제일까요? 할인 받기 좋은 타이밍을 스스로 결정할 수 있는 것이 핵심입니다.

보통 할인 세일은 소매업자가 대상 상품과 할인율을 결정하는데, 이와는 전혀 다른 방식으로 성공한 사례가 있습니다. 해외 판매 사례인데, 고객이 원하는 상품에 직접 '20% 할인' 스티커를 붙일 수 있는 제도로, 매장 전체의 매출을 올렸습니다. 고객 스스로 "지금 무엇을 할인 받고 싶은지" 고민하고 결정하는 과정이 있을 때, 이득 본다는 느낌이 강해집니다. 소매업자가 마음대로 정한, 내게 필요 없는 상품의 '200엔 할인'보다, 지금 내가 원하는 상품의 '100엔 할인'이 더 가치 있기 때문입니다.

대여점에서 오래된 DVD를 할인해 파는 경우도 고객이 할인 받을 수 있는 타이밍을 직접 정하는 예입니다. '이번 주는 판매대에 있는 모든 품목이 1천 엔, 다음 주는 800엔, 마지막 주는 반값!'처럼 진행되는 역경매 방식은 품절 위험을 감수해야 하지만, 스스로 가장 저렴한 구매 시점을 정할 수 있습니다.

| 성공사례 | 닛신식품 주식회사 '칸젠메시' |

닛신식품이니
영양 균형뿐만 아니라 맛도 틀림없다!

닛신식품(日清食品) 주식회사가 판매하는 '칸젠메시(完全メシ)'는 일본인의 영양 섭취 기준에 맞춰 33종류의 영양소와 맛의 균형을 모두 잡은 브랜드입니다. 닛신식품의 최신 식품 기술을 활용하여 단백질, 지방, 탄수화물 3대 영양소뿐 아니라 비타민, 미네랄, 필수 지방산도 균형 있게 조절했습니다. 더 나아가 영양소 특유의 쓴맛과 떫은맛을 없애 평소 식사와 다름없는 맛을 구현했습니다. 조리법도 전자레인지에 돌리거나 뜨거운 물을 붓기면 하면 될 만큼 매우 간단합니다.

개인이 관리하기 어려운 영양소의 균형을 맞추고 맛까지 갖추었다는 점에서 매우 신선한 시도로 평가 받고 있습니다. 2022년 5월 말 출시 이후에 누적 3,600만 식(2024년 12월 31일 기준)을 돌파하는 대히트를 기록했습니다.

처음에는 컵라면과 같은 상온 상품부터 판매를 시작했으나, 지금은 제품군이 확대되어 온라인에서 주문하면 집으로 배송되는 냉동식품 '냉동 칸젠메시 DELI'도 판매하고 있습니다. 또한 2024년에는 사무실에서 '냉동 칸젠메시 DELI'를 언제든지 구매할 수 있는 상시 운영 스탠드형 구내식당 '칸젠메시 스탠드'와, 바쁜 아침에 여성들을 겨냥해 개발한 '냉동 칸젠메시 DELI 주먹밥' 등, 상품 종류가 더욱 다양해졌습니다.

특히 전국 슈퍼마켓에 진열된 상온 보관용 '칸젠메시'는 손실 회피 트리거 중에서 "품질에서 틀림없는 제품을 선택하고 싶다"는 소비자의 마음을 잘 반영하고 있습니다. '칸젠메시'는 영양 균형이 완벽할 뿐 아니라 맛있고, 게다가 간편하다는 압도적인 기능적 가치를 가지고 있습니다. 시장에는 '완전 영양식'을 내세우는 상품들이 많은데, '칸젠메시'만큼 확산된 상품은 없습니다.

많은 소비자들이 "건강을 내세우는 상품은 맛이 별로"라고 생각하는데, '칸젠메시'는 자사의 기존 브랜드를 잘 활용해서 타사와 차별화를 추구했습니다. 소비자들은 기존 닛신식품 제품('닛신 소바 U.F.O.'나 '닛신 카레 메시' 등)에 대한 신뢰가 있습니다. 그래서 '칸젠메시'가 건강식이라고 해도 분명 맛있을 거라고 확신하며 안심하고 구매합니다.

▌맛과 영양을 모두 잡아 압도적인 인기를 끌고 있다. (이미지 제공: 닛신식품)

게다가 최근(2025년 1월) 브랜드 커뮤니케이션에서는 닛신식품의 대표 브랜드인 '컵누들'과 '칸젠메시'를 비교하면서, "영양 균형이 완벽하고 심지어 맛있다. 그렇다면 당연히 '컵누들'보다는 '칸젠메시'!"라고 단호하게 어필하고 있습니다. 비교 대상을 설정함으로써 "품질의 확실성"을 연출한 좋은 사례입니다.

예전에 히트를 쳤다면 틀림없다!

마지막으로, '손실 회피' 트리거를 자극하는 요령을 소개합니다.

손실 회피의 힌트는 **"틀림없는 물건을 가지는 것"**입니다. 다시 말해, **히트한 상품의 리메이크**.

레트로 열풍도 그렇지만, 예전에 유행했던 것들에는 본질적인 매력이 있습니다. 이는 소비자들에게 품질만큼은 확실하다는 인상을 주기 쉽습니다.

기존 브랜드나 히트작을 시대 흐름에 맞게 가공해서 다시 한 번 어필하는 것은, 품질 면에서 틀림없다고 느끼게 합니다.

성공 사례로 소개한 '칸젠메시'도 기존의 히트 브랜드인 '닛신 카레 밥'을 활용한 것이라서 "신제품이지만 맛은 완벽할 것이다"는 이미지가 있습니다.

여기에는 '재미, 맛, 편리' 등에 대한 믿음이 깔려 있습니다.

정리

- □ 손실 회피는, 쇼핑할 때 실패나 손해를 보지 않는다는 확신이 있어서 구매로 이어지는 트리거.
- □ 소비자들이 피하고 싶은 것은 '품질로 인한 손해', '양이나 사이즈 선택의 실패', '가장 저렴한 타이밍에 사고 싶다는 마음'이다.
- □ 행동경제학 관점에서도, 무언가를 얻는 것보다 손해를 피하는 것이 더 중요하다. 쇼핑에서 부정적인 요소가 없다는 점은 매우 중요하다.
- □ 히트 상품을 리메이크해서 활용하는 것은 소비자에게 실패하지 않을 것이라는 확실한 믿음을 준다.

4부

"사도 되겠다"는 마음을 유지시키는 3개의 트리거
REASON & KEEP

18

믿음직한 실적, 이걸 사면 틀림없다
신뢰감

【정의】
안심하고 신뢰할 수 있어서 구매로 이어지는 트리거. 소비자는 신뢰하지 않으면 구매욕이 생기지 않기 때문에, REASON & KEEP으로 분류한다. 품질이 확실하다는 믿음, 제3자나 전문가의 평가 등으로 소비자는 구매 과정에서 "확실하다"는 믿음을 갖는다. 비즈니스 환경이 급변하는 현대사회에서는 시간을 들여 평판을 쌓는 것뿐만 아니라, 단시간에 "확실하다"고 느끼게 만드는 정보 설계가 중요하다.

궁합이 잘 맞는 카테고리

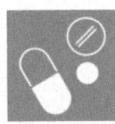 의약품·영양제

 취미와 관련된 상품 (책/음악/영상·동영상 등)

 온라인 쇼핑몰

 가전·전자제품

상품, 매장, 직원, 판매 방법 등
신뢰에는 이유가 있다

'신뢰감' 때문에 사고 싶어지는 순간은 다음 두 가지입니다.

① 판매 방식에서 품질을 믿을 수 있을 때.
② 제3자의 평가나 판매자의 진심이 전해질 때.

각 항목에 대해서 설명 드리겠습니다.
① **판매 방식에서 품질을 믿을 수 있을 때.**
소비자는 상품을 구매할 때 "이 제품은 분명 좋을 것이다"라는 확신이 드는 정보를 찾습니다.
예를 들어 함유 성분이나 원산지, 제조 과정 등이 공개되어 있으면, 구매 시 느끼는 불안이 줄어듭니다.
최근에는 전자상거래가 보편화되면서, 선택할 수 있는 상품의 폭이 급격히 확대되었습니다.
전자상거래가 보급되기 전, 소비자들은 오프라인 매장에서 진열된 상품을 구매했습니다. 오프라인 매장은 진열할 수 있는 상품 수에 제약이 있어서, 바이어(상품 구매 담당자)는 소비자의 니즈를 파악하여 팔릴 만한 물건만 엄선해 들여왔습니다. 그 결과 선택지는 제한적이었지만, 바이어가 선별한 '소비자의 필요에 맞는 상품군' 안에서 선택했기 때문에 구매 실패의 확률이 그리 높지 않았습니다.
그런데 전자상거래에서는 진열에 물리적인 제약이 없습니다.
바이어가 선별한 상품이 아니라 판매자가 직접 올린 제품도 구매할 수 있게 되면서 상품 다양성이 크게 확대되었고, 오프라인 매장에서는 접하기 어려웠던 제조 업체의 상품도 구매할 수 있게 되었습니다.

전자상거래를 활용함으로써 상품을 선택할 수 있는 폭이 넓어짐에 따라 기존보다 가성비가 좋은 상품을 만날 수 있는 기회도 늘어난 반면, 값은 싸지만 품질이 낮은 '싼 게 비지떡' 같은 상품을 구매하게 될 위험 또한 커졌습니다.

그래서 품질 관리 체계나 상품이 제공되기까지의 과정에 대한 투명성 확보가 매우 중요해졌습니다. 상품뿐만 아니라 제조 과정과 기업의 태도까지 투명하다고 느껴질 때 쉽게 신뢰를 얻을 수 있습니다.

제품 자체에 대한 신뢰뿐 아니라, 매장이나 판매 공간에 대한 신뢰도 중요한 포인트입니다. 예를 들어 청결한 환경, 잘 정돈된 진열 상태, 친절한 안내가 있는 매장은 "여기서 파는 상품도 믿을 만하겠다"라는 느낌을 줍니다.

또한 사회적 평판이 좋은 브랜드를 많이 취급하는 매장이나 지역 주민들에게 오랫동안 사랑받아 온 매장은, "여기서 파는 물건이라면 신뢰할 수 있다"는 마음을 갖게 합니다.

이런 점은 전자상거래에서도 마찬가지입니다. 피싱 사기 등 온라인 피해가 늘어나고 있는 요즘, 많은 사람들이 "어느 나라에서 누가 파는 물건인지 알 수 없다", "혹시 사기를 당하는 건 아닐까" 하는 불안감을 느낍니다. 따라서 신뢰할 수 있는 구매 환경은 안심하고 쇼핑을 즐기기 위한 필수 조건입니다.

제3자의 객관적인 평가도
주관적인 직원의 목소리도

② 제3자의 평가나 판매자의 진심이 전해질 때.

판매자는 제품이 더 좋게 보이게 하려고, 그리고 제품을 비싸게 팔기 위해 미사어구를 써서 매력을 어필합니다. 하지만 구매자는 제품의 진짜 가치를 정확히 판단할 수 있어야 합니다.

하지만 제품을 고르기 위해 관련 지식을 익히거나 직접 사용해보는 데는 시간과 수고가 많이 들기 때문에 정확한 판단은 쉽지 않습니다. 이럴 때 소비자들은 제3자의 평가에 의지합니다.

특히 제품을 비교하는 데 필요한 전문 지식이 있고 과학적인 검증을 통해 좋고 나쁨을 판단할 수 있는 전문가의 평가를 확인할 수 있다면, 해당 제품에 대한 신뢰감이 확연히 높아집니다.

제3자의 평가와는 다른 관점에서 직원의 주관적인 '진심'이 전해질 때, 제품에 대한 이해와 공감을 불러일으키며 결과적으로 신뢰도가 높아집니다.

직원은 판매자인 동시에 그 제품의 전문가이기도 합니다. 제품을 잘 아는 전문가로서 제품의 특징이나 장점, 때로는 단점까지 직접 사용해본 경험을 솔직하게 설명하면, 소비자는 그 제품을 더욱더 깊이 이해하고 단점마저 납득하고 받아들이기 쉬워집니다.

"너무 갖고 싶어서 나도 모르게 사버렸어요", "이게 단점이기는 하지만, 이렇게 하면 보완할 수 있어요"와 같이 현실적이고 공감이 되는 메시지는 제품에 대한 신뢰감을 형성하고 구매로 이어지는 결정적인 한마디가 되기도 합니다.

주관적인 의견이라 하더라도 솔직하다면 고객의 신뢰를 높이는 데 크게 기여할 수 있습니다.

성공사례

주식회사 신유샤, 'LDK'

상품 테스트는
어디까지나 사용자의 시선에서

신뢰감의 성공 사례로, 생활 정보지·웹 미디어 'LDK'를 소개합니다.

'LDK'는 잡지 광고를 일절 받지 않고, 전문가와 연구자의 협력을 바탕으로 상품에 대한 어떤 편향도 없는 테스트를 실시하여, 그 결과를 솔직하게 게재하고 있습니다. 연간 테스트 상품 수는 평균 5천 개 이상이며, 창간 이래 누적 약 10만 점에 달합니다. 설문 조사와 시장 조사를 기반으로 사용자의 눈높이에서 상품을 엄선하고, 자비로 구매해서 실제 사용하는 상황을 상정해 상품을 비교하는 등, 사용자의 입장이 되어서 공정하고 신뢰성 있는 정보를 제공하기 위한 과정을 중시합니다.

'LDK'가 독자로부터 압도적인 신뢰를 얻는 이유는, 모든 것을 사용자의 관점에서 본다는 흔들리지 않는 기준을 가지고 있기 때문입니다. 기획 단계에서는 독자 본인과 지인, 친구들에게 '생활에서 겪은 불편한 점'이나 '알고 싶은 것'을 철저히 파악해 독자가 무엇을 알고 싶어 하는지, 어떤 관점에서 상품을 테스트하길 원하는지 충분히 반영합니다.

이런 철저한 소비자 중심의 자세가 요구되는 배경에는 "온라인 쇼핑몰의 리뷰나 후기는 얼마나 믿을 수 있을까?"라는 소비자들의 솔직한 의문이 있습니다. 전자상거래의 보급과 더불어 리뷰나 후기를 참고해서 구매하는 습관이 정착되었지만, 그러한 정보의 신뢰도를 판단하기란 쉽지 않습니다. 왜냐하면 후기를 남긴 사람들의 가치관이나 감성이 다양해서 반드시 나와 같다고 할 수 없기 때문입니다. 어떤 가치관과 어떤 근거로 평가했는지 모른다면, 그 정보가 나에게 유용한지 판단하기 어렵습니다.

그 점에서 'LDK'는 정교한 상품 테스트의 검증 과정과 평가 방법을 명확하게 공개해

▌ 테스트하는 여성지 LDK. (이미지 제공: 신유사)

서 독자들로부터 신뢰를 받습니다. 편집부가 "진심으로 추천할 수 있다"고 인정한 상품에만 붙이는 '베스트 바이 마크'는 믿을 수 있는 상품의 증거로서, 구매를 결정하는 데 큰 도움이 됩니다.

또한 'LDK'는 과학적인 근거를 바탕으로 검증하기 위해 자체적인 실험실(LAB)을 운영하고 있습니다. 전문가의 의견을 듣더라도 그 내용을 비판 없이 수용하지는 않습니다. 편집부에서도 자체적으로 테스트를 진행한 뒤 종합적으로 판단하여 기사로 다룹니다. 전문가는 상품에 정통할 수는 있지만, 독자가 어떤 정보를 원하는지까지는 잘 모르는 경우가 많습니다. 전문가의 의견은 참고하되 사용자의 관점에서 검증하고 평가를 진행하며, 항상 독자의 불만이나 고민을 출발점으로 삼는 것이 특징입니다.

예를 들어 칫솔 테스트에서는 단순히 베스트 바이 제품을 선정하는 데 그치지 않고, 올바른 양치 방법까지 함께 소개합니다. 하지만 현실 생활에서는 항상 철저히 실천하기 어려우므로 "칫솔 구조 자체가 올바른 양치 습관을 자연스럽게 유도할 수 있는 제품에는 어떤 것이 있을까?"라는 관점에서도 테스트를 진행합니다.

또한 제품 내구성을 비교하는 동시에 "솔이 금방 닳는 이유는 사용자가 힘을 너무 세

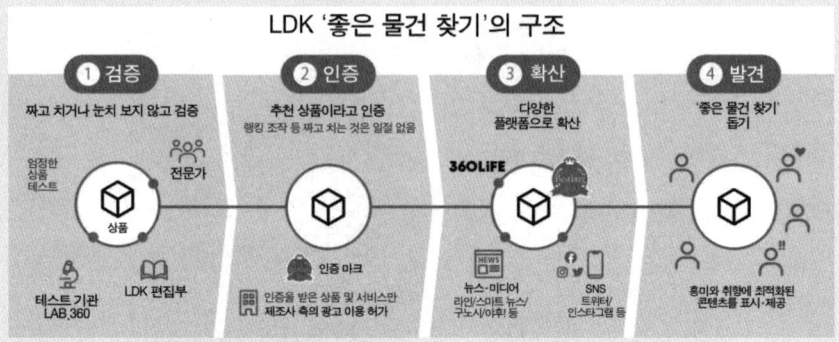

▌충분한 검증을 거친 후 정보 발신. (이미지 제공: 신유샤)

게 가하기 때문"이라는 점도 설명하며, 소비자의 고민에 대한 해결 방법을 제안합니다.

주방용 수세미 테스트에서는 총 2,880개의 식기와 프라이팬을 반복적으로 세척해서 내구성을 검증하고 비교했습니다. 실제 생활 장면을 상정한 검증 방식이 테스트의 신뢰감을 높이는 요소로 작용하고 있습니다.

식칼 테스트에서는 날카로움의 지속성을 검증하기 위해 처음에는 도마에 문질러 마모도를 검증했습니다. 그러나 칼날의 성능 저하가 단순히 마모 때문만은 아니라 다양한 요인에 의해 발생한다는 점에 주목하여, 세제로 닦는 과정을 추가하는 등 매번 최적의 방법을 고민하면서 개선하고 있습니다.

정보 발신은 종이 매체뿐 아니라 쌍방향 커뮤니케이션이 가능한 SNS를 통해서도 전개하고 있습니다. 라이브 스트리밍을 통해 실시간으로 테스트를 재현하거나 지면에 담지 못한 정보도 추가로 제공하여 더 풍부한 정보를 전달합니다.

사용자 입장에서 솔직한 소감, 전문가와 협력을 통한 객관적인 평가 그리고 그 평가 기준과 검증 과정을 공개하는 투명성을 결합함으로써 'LDK'는 높은 신뢰감을 만들어내고 있습니다.

믿을 수 있는 품질의 가시화

품질의 신뢰성을 전하는 첫 번째 방법은 '**숫자의 활용**'입니다. 출시 후 경과된 연수, 누적 판매 수량, 팬 규모, 고객 만족도 등 얼마나 많은 사람들이 선택했고 만족했는지를 숫자로 보여주는 것이 효과적입니다.

제3자의 인증기관 심사를 거쳐 공인을 받는 것도 신뢰성을 높이는 데 도움이 됩니다. ISO(International Organization for Standardization, 국제표준화기구) 인증이나 레인포레스트 얼라이언스 인증(Rainforest Alliance Certified)(환경을 보호하고 노동자와 지역 사회의 권리를 지키며, 지속가능한 방식으로 제품을 생산하는 기업이나 농장을 인증)은 제품 제조 과정에서 일정 기준을 충족했다는 증거이며, 품질의 우수성을 전달할 수 있습니다. 단, 이러한 인증에는 시간과 비용이 들기 때문에 브랜딩 측면에서 효과가 있는지를 검토한 후 취득 여부를 결정할 필요가 있습니다.

소매점 입장에서 신뢰를 주는 매장을 만들기 위해서는, 판매 상품의 선정 과정을 공개하는 것이 효과적입니다. 누가, 어떤 기준으로 상품을 선택했는지 공개함으로써 신뢰감을 높일 수 있습니다. 선정자의 인원 수, 경력, 선정에 들인 시간, 선택된 상품 수, 평가 기준 등을 명시하면 매장에서 취급하는 상품이 검증된 것임을 알릴 수 있습니다. 매대에 진열하는 상품에도 일정한 기준이 있다는 사실을 밝히는 방법도 있습니다. 예를 들어 친환경 포장재를 사용한 상품들만 모아서 진열함으로써, 기준이 있다는 점을 소비자에게 보여줄 수 있습니다.

더 나아가 '**소비자를 제품 개발 과정에 참여시키는 것**'도 한 방법입니다. 사용자를 초빙해서 기존 제품이나 서비스에 대한 의견을 듣고 지적 받은 부분을 개선하는 등 사용자 입장에서 개선이 이루어지고 있다는 사실이 소비자에게 전달되면 신뢰감은 더욱 커집니다.

정리
- 신뢰감은 안심하고 믿을 수 있어서 구매로 이어지는 트리거.
- "틀림없이 좋은 상품일 것이다"라는 확신을 만드는 신뢰감은, REASON & KEEP에 속한다.
- 투명성, 제3자의 평가 등 신뢰할 수 있는 근거를 명확히 제시함으로써, 소비자의 구매 욕구를 유지할 수 있다.
- 신뢰감을 자극하는 기획을 만들기 위한 힌트는, '품질의 확실성을 시각화'하는 것.

19

근거를 통해 확신하고 납득한 후 쇼핑하고 싶다
근거·이유

【정의】
근거가 구매로 이어지는 트리거. REASON & KEEP에 속한다. 스마트폰의 보급으로 누구나 쉽게 쇼핑 정보를 얻을 수 있게 된 반면, 정보에 옥석이 섞여 있어 확신하기는 어려워졌다. "잘못된 정보 때문에 구매에 실패하지 않을까"라는 잠재적 불안에 대해 충분한 근거가 뒷받침되면 구매하고자 하는 마음을 유지할 수 있다.

궁합이 잘 맞는 카테고리

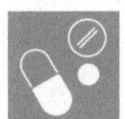 의약품·영양제

 온라인 쇼핑몰

 가전·전자제품

 가구·인테리어

보이지 않던 차이가 눈에 들어오면,
구매할 이유가 생긴다

'근거·이유' 때문에 구매하고 싶어지는 순간은 다음 세 가지입니다.

① 효과나 실적을 수치나 눈으로 확인할 수 있을 때.
② 권위 있는 정보로 안심할 수 있을 때.
③ 비교를 통해 납득 가능한 정보를 얻을 수 있을 때.

각각 살펴보겠습니다.
① 효과나 실적을 수치나 눈으로 확인할 수 있을 때.
눈으로 직접 확인할 수 있는 차이가 있으면 "이 제품은 안심하고 살 수 있겠다"는 확신으로 이어집니다. 눈으로 확인할 수 있는 차이에는 '수치'와 '실연(實演)' 두 가지 큰 패턴이 있으므로 각각 소개하겠습니다.

최근에는 '장 활성화', '수면 활성화' 등 웰빙의 맥락에서 'ㅇ 활성화'가 자주 등장하고 있습니다. 하지만 배합 성분만 표시되어 있으면, 소비자는 '실제로 어떤 효과가 있는지' 알기 어려운 부분도 있을 것입니다.

- 수면에 효과가 있는 ㅇㅇ성분이라고 하는데, 얼마나 잘 잘 수 있을까?
- 장 건강에 좋다고 하는데, 다른 제품과 어떤 차이가 있을까?
- 체지방이 줄어든 것 같긴 한데, 얼마나 줄었는지 모르겠다.

많은 분들이 '이런 의문을 품은 적이 있지 않을까요? 법률상의 관점과 소비자 보호라는 측면에서, 제조사는 "몇 시간을 잘 수 있다"거나 "ㅇ킬로그램이

빠진다"라고 홍보할 수 없습니다. 하지만 반대로 소비자 역시 어떤 제품이 좋은지 몰라서 선택하기 어려운 상황에 놓여 있습니다.

소비자 입장에서는 수치로 된 설명이 있으면 이해하기가 훨씬 쉽지 않을까요. 예를 들어 장 건강 제품이라면 'ㅇㅇ균이 장에 좋은 이유'를 설명하고, 이것이 다른 대상(채소 외의 일반 식품, 타사 제품 등)과 비교해서 얼마나 많이 함유되어 있는지, 얼마나 효과를 기대할 수 있는지(설문조사 결과 등)를 알리는 것입니다.

생활에 어떤 이점이 있는지 수치로 시각화해서 나타낼 수 있으면, 단순히 성분으로만 설명하는 것보다 "이 정도면 안심하고 살 수 있겠다"는 확신으로 이어집니다.

한눈에 근거를 이해하는 방법은 수치 표현 외에도 있습니다. 예전부터 있는 '실연 판매'도 그중 하나입니다. 예를 들어 TV 홈쇼핑에서는 청소용품을 판매할 때, 제품 설명만 하는 것이 아니라 청소 전후의 변화를 '전과 후'로 보여주기 때문에 "이 정도면 효과가 있겠네"라고 확신할 수 있습니다.

실연 판매 외에도 시식이나 테스터 등을 통해 확인하는 방법도 있습니다. 드러그스토어의 화장품 코너에서는 테스터가 필수입니다. 백문이 불여일견이라는 말처럼, 직접 사용해 봄으로써 제품의 차이를 체감하고, 소비자는 "이 정도면 괜찮겠다"고 확신합니다.

권위 있는 곳에서 인정하면
망설임 없이 구매할 수 있다

② 권위 있는 정보로 안심할 수 있을 때.

다양한 쇼핑 정보를 얻기 쉬워졌지만, 정보가 뒤죽박죽이라 무엇을 믿어야 할지 몰라 구매하기 어려운 상황이 생기기도 합니다. 이런 상황이 되기 전에 근거가 확실하고 선택에 도움을 주는 양질의 정보가 있다면 구매하고 싶은 마음이 꺾이지 않을 것입니다. 그런 양질의 정보 중 하나는, 사회적으로 인정받고 신뢰와 영향력을 가진 '권위' 있는 정보일 것입니다.

다음과 같은 예가 있습니다.

- 유명한 일류 호텔에서 제공하는 어메니티라면, 아주 센스 있을 것이다.
- 유명 대학의 매점에서 판매 1위인 상품이라면, 공부에 도움이 될 것이다.

저 역시 구매 전에 참고하는 경우가 많습니다. 특히 유사품과의 차이를 수치로 이해하기 어렵거나 겉모습만으로는 차이점을 알기 힘든 상품을 고를 때, 권위로부터 오는 정보가 진가를 발휘합니다.

일방적으로 주어진 정보는 의심하게 된다
스스로 찾아서 납득할 수 있는 정보가 최고

③ 비교를 통해 납득 가능한 정보를 얻을 수 있을 때.

지금까지는 '수치'나 '권위' 등 쇼핑의 근거나 이유가 되는 요소에 주목해 소비자의 인사이트를 살펴보았습니다. 여기서는 "어떤 방식으로 정보가 제공되어야 쇼핑의 근거로 느껴지는가?"라는 관점에서 생각해 보겠습니다.

하쿠호도쇼핑연구소는 지금까지 많은 시장 조사를 실시해 왔습니다. 조사에서 공통적으로 "기업에서 발신하는 정보뿐 아니라 그 외의 정보도 참고하고 싶다"는 소비자의 목소리가 있었습니다.

예를 들어, 기업 협찬으로 이루어진 인플루언서의 PR 게시물은 무턱대고 믿지 않습니다. 소개된 상품을 인플루언서가 개인적으로도 사용하는지 확인합니다. 더 나아가 "이번 상품은 나한테 맞지 않았다"와 같은 솔직한 정보를 제공하는 인플루언서일수록 신뢰도가 더 높다고 합니다.

그렇다고 모든 것을 직접 조사하기는 어렵습니다. 현대에는 SNS, 후기 사이트, 공식 사이트 등에서 상품 정보를 쉽게 얻을 수 있지만, 정보가 너무 세분화되어 꼼꼼히 비교하다 보면 쇼핑에 걸리는 시간이 길어집니다.

그래서 소비자에게는 '비교하는 과정에서 스스로 찾은 납득할 수 있는 정보'가 중요합니다. 최근 백화점 접이식 우산 코너에서, 제가 경험한 이야기를 하겠습니다.

매장에서는 많은 사람들이 우산의 '디자인'과 '무게'를 확인하고 있었습니다. 저 역시 눈으로 디자인을 고르고, 손으로 직접 들어보면서 무게를 확인했습니다. 그런데 무게에 대한 감각에 자신이 없어서 선뜻 선택을 하지 못하고 망설이면서 매장을 계속 둘러보고 있는데, 저울을 발견했습니다. 그 매장에는 고객이 직접 우산의 무게를 확인할 수 있도록 저울을 비치해두었던 것입니다. 실제로 많은 사람들이 접이식 우산을 저울에 올려 확인하고 있었습니다. '저울로 직접 측정하고 비교하는' 과정을 통해, 납득할 수 있는 정보를 얻었기 때문에 자신감을 갖고 쇼핑할 수 있었습니다.

뒷이야기 × 수치 근거로, 정보의 설득력을 높인다

마지막으로 '근거·이유' 트리거를 효과적으로 자극하는 두 가지 팁을 소개하겠습니다.

첫 번째는, 평소에는 볼 수 없는 비하인드 스토리를 제시하는 것입니다. 일반적으로는 드러나지 않던 부분이 잠깐이라도 보이면, 소비자는 그 정보에 희소가치를 느끼고 더 신뢰하게 됩니다. 예를 들어 신뢰의 근거가 되는 수치가 어떻게 수집되었는지, 제품 테스트는 어떤 방식으로 진행되었는지 등 그동안 소비자에게 공개되지 않았던 비하인드 스토리를 보여주면 수치 자체의 설득력이 강화됩니다.

또한 개발 스토리나 제작 과정 자체에 수치를 붙이는 방식도 있습니다. 예를 들어 "이 제품은 장인이 300단계의 공정을 2년에 걸쳐 수작업으로 완성했다", "개발 과정에서 100개의 아이디어가 나왔지만, 그중 가장 뛰어난 하나를 선택했다"와 같은 설명은 제품의 우수성에 대한 근거를 보다 강하게 느끼게 해줍니다.

구매 이유에도, 인간미가 필요하다

두 번째 포인트는 "이유나 근거에 인간미를 담는다"입니다. 앞에서 '장 건강' 사례를 말씀드렸는데, 아무리 수치나 논리적인 근거가 제시되더라도 그것이 내게 어떤 의미가 있어야지 이해가 됩니다. 기업 입장에서는, 제시하는 수치가 누구에게 어떤 의미를 갖는지 의식하고 전달할 필요가 있습니다.

저는 한 의류 브랜드의 라이브 커머스(직원이 SNS로 라이브 방송을 진행하고, 그 방송을 통해 쇼핑하는 방식)를 통해 '결국 중요한 건 인간미'라는 점을 실감했습니다. 제품 소개에 들어가기 전, 영상 도입부에서 소개자가 자신의 키뿐 아니라 가족 구성, 라이프 스타일까지 이야기해 주었습니다. 그 사람의 배경을 미리 알고 나니, 상품에 대한 평가 이유가 더 잘 이해되었습니다. 예를 들어 "어린아이가 있으니 더러워져도 괜찮은 옷을 극찬하는구나"라는 식으로 말입니다. 추천 근거가 상상되면서 납득할 수 있었고, 따뜻한 분위기가 형성되어 제품에 대한 호감도도 올라갔습니다.

정리

- 근거·이유는, 근거가 있어서 구매를 긍정적으로 받아들이는 트리거.
- 소비자가 근거나 이유가 있다고 느끼는 순간은, '수치 등 눈에 보이는 근거', '권위 있는 기관이나 인물의 인증', '일방적으로 강요하지 않는다'는 느낌이 있을 때.
- 정보가 넘쳐나는 요즘 시대에는 확신을 가질 수 있는 근거나 이유가 구매 선택에 있어 매우 중요하다.
- '근거·이유'에도 단순한 데이터뿐 아니라, 비하인드 스토리나 인간미가 있다면 보다 효과적.

20

역시 이게 좋다, 선택하면 행복하다
선택권

【정의】
적당한 수의 선택지 가운데 자신의 의지로 상품을 고를 수 있어서 구매로 이어지는 트리거. 스스로 선택했다는 실감이 있어야 납득하기 쉽기 때문에 REASON & KEEP으로 분류된다. 스스로 판단 기준을 세워서 상품을 선택하는 행동은 자신의 가치관이나 이상을 이해하는 것과 연결된다. 자신의 가치관에 맞는지 신중히 따져서 선택한 상품에는 애착이 가고, 구매 후 만족도도 높다.

궁합이 잘 맞는 카테고리

 취미와 관련된 상품
(책/음악/영상·동영상 등)

 가전·전자제품

 온라인 쇼핑몰

 가구·인테리어

선택 가이드가 있으면
선택에 확신을 가질 수 있다

'선택권'이 있어서 구매하고 싶은 순간은 다음 세 가지입니다.

① 상품을 고르는 방법을 알고 있을 때.
② 감성적으로 선택할 수 있을 때.
③ 다양한 선택지 중에서 최고를 고를 수 있을 때.

① 상품을 고르는 방법을 알고 있을 때.
평소 구매할 기회가 적은 카테고리의 상품을 고를 때는 상품에 어떤 차이가 있고, 어떤 기준으로 선택해야 할지 난감해지는 경우가 많습니다. 소비자는 '상품 선택 가이드'에 따라 자신이 중요하게 생각하는 포인트를 정하고 상품을 고를 때, "선택권"을 느낄 수 있습니다.

예를 들어 이어폰을 구매할 때는 가격, 음질, 디자인, 부가 기능 등 다양한 선택 기준이 있지만, 가이드가 전혀 없으면 어떻게 골라야 할지 모릅니다. 이럴 때는 이어폰 사용 용도에 따라 고르도록 안내하는 것이 좋습니다. 실내에서 좋은 음질을 즐기고 싶으면 고음질 타입, 운동용이라면 방수 타입, 출퇴근용이라면 노이즈 캔슬링 타입, 재택근무용이라면 통화 기능이 있는 타입 등 사용 용도에 가장 적합한 상품군을 제시합니다. 그리고 예산에 맞는 모델로 범위를 좁힌 다음 디자인과 음질을 비교하면서 취향대로 고르도록 가이드하면 선택권을 높일 수 있을 것입니다.

마음에 쏙 드는 것을
찾아내는 감각이 즐겁다

② 감성적으로 선택할 수 있을 때.

'선택권'의 포인트는 결국 내 눈으로 직접 선택했다고 느끼는 데 있습니다.

누군가가 추천하는 것을 사야 할 경우, 본인이 직접 골랐다는 실감을 얻을 수 없습니다. 매장에서 상품을 직접 만져보거나 실제로 체험해보거나 여러 각도에서 살펴봄으로써 납득하는 마음이 생깁니다.

예를 들어 슈퍼마켓에서 채소를 살 때 하나하나의 차이를 직접 느끼면서 고른다거나, 신선함을 확인하고 생선을 고르는 것처럼 자신의 감각을 활용하면 더 신뢰할 수 있고 구매 만족으로 이어집니다. 온라인 쇼핑에서는 '개체의 차이'를 느낄 수 없지만, 얻을 수 있는 모든 정보를 비교해서 더 좋은 선택이 되도록 자신의 기준으로 선별하는 것은 마찬가지입니다.

많은 것 중에서 고르면
후회하지 않는다

③ 다양한 선택지 중에서 최고를 고를 수 있을 때.

선택지가 없거나 적을 때 "어쩌면 더 좋은 상품이 있지 않을까?"라는 불안감이 남기 쉽습니다.

선택지가 풍부하면 그런 불안이 줄어들고 "신중히 검토한 끝에 나는 이게 좋다고 생각했다", "선택에 후회는 없다"라고 검토 과정에 대한 자신감을 가질 수 있습니다.

화장품이나 패션 분야에서는 색상이나 디자인에 선택지가 다양하면 고민할 일도 많아지지만, 그중에서 자신의 개성과 취향에 맞는 것을 선택함으로써 만족도가 올라갑니다. 풍부한 선택지 가운데 '나에게 가장 좋은 것'을 찾아가는 과정이 구매 후 만족도를 결정합니다.

성공사례

주식회사 전통디자인공방, '다이코부쓰 간장'

"간장을 고를 때는 최애 요리부터"라는 새로운 발상

간장은 일본 요리에서 빠질 수 없는 조미료로, 일본인에게 매우 친숙한 존재입니다. 어떤 슈퍼마켓에서도 쉽게 구할 수 있는 반면, 와인이나 식초, 미림처럼 종류가 다양해서 어떤 기준으로 골라야 할지 모르겠는 어려움이 있습니다.

'다이코부쓰 간장(大好物醬油)'은 간장의 성분이나 품질로 고르는 것이 아니라 "내가 좋아하는 요리에 어울리는 간장을 고른다"는 발상으로, 간장과의 새로운 만남을 디자인한 상품입니다.

포장지에는 돈가스, 교자, 초밥 같은 음식 일러스트가 그려져 있어 '최애 음식'을 기준으로 소비자가 자유롭게 새로운 간장을 접할 기회를 제공합니다. 일본 각지의 간장 장인들이 요리의 맛을 살리는 간장을 엄선하고 절묘하게 조합하여 제공하기 때문에 생각지도 못한 간장을 만날 수 있습니다.

예를 들어, 참치와 같은 붉은 살 생선회에 어울리는 간장으로는 감칠맛이 풍부하여 생선 특유의 비린 맛을 잡아주고 생선의 깊은 맛을 끌어내는 '쓰레소이(つれそい)'(아이치현·미나미구라 상점)가 있습니다. 교자에는 기름, 식초와 궁합이 뛰어난 '칸로쇼유(甘露しょうゆ)'(시즈오카현 고텐바시·아마노 간장)가 제격이며, 달걀 프라이에는 반숙 노른자와 간장이 어우러져 크리미한 풍미를 내는 '키나리 코이구치(生成り濃口)'(후쿠오카현·미쓰루 간장 양조소)가 어울립니다. 이렇게 다양한 간장 중에서 그 요리에 가장 어울리는 간장을 제안해주는 상품입니다.

간장 자체의 성분이나 품질에 대해 잘 알지 못하더라도 "좋아하는 요리와 궁합이 딱 맞는 간장을 고른다"는 콘셉트를 통해 자신의 기호에 맞는 제품을 선택할 수 있도록 고

▌ 라벨의 일러스트와 질감의 차이를 느끼는 재미가 있다. (이미지 제공: 전통디자인공방)

▌ 자신이 가장 좋아하는 음식에 맞춰 간장을 고른다는 접근 방식이 신선하다.
(이미지 제공: 전통디자인공방)

▌ 최애 음식 일러스트가 그려진 포장을 벗기면 원래 라벨이 나타난다.
(이미지 제공: 전통디자인공방)

안된 것이 이 상품의 특징입니다. 한편 포장을 벗기면 원래의 상표를 알 수 있어서, 재구매할 때는 브랜드를 지정해서 구매할 수 있도록 배려하고 있습니다. '최애 요리'를 기준으로 자유롭게 새로운 간장을 만나고, 자신만의 특별한 선택 경험을 할 수 있도록 기획된 상품입니다.

선택권 트리거를 자극하기 위해 판매자가 할 수 있는 노력에는 무엇이 있을까요?

우선 '선택의 폭을 설계하는 것'입니다. 연령, 성별, 소득, 가족 구성 등 고객의 기본적인 인구통계학 정보에 주목하여 상품의 선택지를 다양하게 갖추는 것이 핵심입니다.

예를 들어 정장 매장이라면 판매 코너를 세대별로 구성하는 방식이 있습니다. 이 경우 세대별로 중요하게 여기는 포인트에 맞춰 상품 라인업을 구성합니다. 장년층을 대상으로는 클래식하고 차분한 정통 상품, 청년층을 대상으로는 트렌드를 반영한 스타일리시한 상품, 중간 연령층에게는 비즈니스와 일상생활에서 모두 사용할 수 있는 범용 상품처럼 라인업을 구성하는 식입니다.

이렇게 하면, 실제 나이보다 젊어 보이고 싶다거나, 반대로 차분한 인상을 주고 싶다거나 하는 니즈에 따라 선택하기가 쉬워집니다.

물론 그 안에서 가격대의 폭도 준비합니다. 콘셉트는 같지만 고객의 구매력에 맞는 상품을 준비함으로써 선택의 자유는 더욱 넓어집니다.

선택지의 수를 조절한다

폭넓은 선택지 가운데 최고의 것을 고르면 구매 만족으로 이어진다고 말씀 드렸지만, 선택지의 수가 너무 많으면 오히려 심리적 부담이 커져서 사고 싶은 마음이 줄어들 수 있습니다.

고객에게 제공하는 상품 선택지에 관한 유명한 연구인 '잼의 법칙(Jam Experiment)'을 소개하겠습니다.

컬럼비아 대학교의 시나 아이엔 교수와 스탠퍼드 대학교의 마크 리퍼 교수는 식료품 가게에 잼 시식대를 2개 설치했습니다. 한쪽 시식대에는 24종류의 잼을, 다른 쪽에는 6종류의 잼을 비치했습니다. 그 결과 24종류의 잼이 있는 시식대 쪽에 더 많은 사람이 줄을 섰지만, 실제로 구매한 사람은 6종류의 잼을 시식한 쪽에 더 많았습니다.

즉, 고객의 입장에서는 선택이 단순할수록 구매 결정을 내리기 쉽고, 반대로 선택지가 너무 많으면 오히려 번거롭게 느껴 구매하지 않게 되는 것입니다. 이 이론을 고려해 선택지의 수를 적절하게 설계하는 것이 중요합니다. 상품의 수가 너무 많을 때는, 몇 가지 하위 카테고리로 분류하는 것이 효과적입니다.

예를 들어 24종류의 커피 원두를 판매한다고 가정해 보겠습니다. 먼저 '진한 맛/연한 맛'과 '강한 쓴맛/약한 쓴맛'이라는 2개의 축을 기준으로 사분면을 만듭니다. 다음으로 원두의 이름과 향을 설명한 상품을 각 구역에 배치합니다.

이런 지도가 있으면 고객은 사분면에서 대략적으로 취향에 맞는 방향을 선택함으로써 선택지의 수를 확 줄일 수 있습니다.

선택지가 줄어든 상태에서 각 상품의 향에 대한 설명을 읽을 수 있고 최종적으로 자신이 좋아하는 커피 원두를 고를 수 있습니다. 이렇게 단계별로 상품을 선택할 수 있으면 한번에 고려해야 할 선택지의 수를 줄일 수 있어서, 고객은 스스로 선택했다는 느낌이 더 커집니다.

정리
- 선택권은 적당한 수의 선택지 가운데 자신의 의지로 상품을 고를 수 있어서 구매로 이어지는 트리거.
- 직접 선택했다는 실감이 있으면 납득이 잘되기 때문에, REASON & KEEP 유형으로 분류.
- 상품 고르는 방법을 알고, 많은 선택지 중에서 자신의 감성으로 최적의 것을 고를 수 있으면 구매욕을 유지할 수 있다.
- 선택권을 자극하는 기획을 만들기 위한 힌트는, '선택지의 폭 설계하기'와 '선택지의 수 조절하기'.

5부

2개의 트리거를 결합해서
새로운 시너지 효과를 창출하는
여섯 가지 고급 테크닉

트리거의 결합으로
'구매 행동'을 유도한다

지금까지는 **구매욕=사고 싶은 마음**을 자극하는 20개의 **트리거**에 대해 그 정의, 기업의 사례, 트리거를 효과적으로 활용하는 팁을 소개했습니다.

트리거에는 'BOOST인가 KEEP인가', 'LOVE인가 REASON인가'라는 두 관점이 있다는 점을 충분히 이해했을 것입니다. 이 두 가지 관점에서 만들어진 사분면에는 각각의 의미가 있으며, 구매욕을 자극했을 때 기대할 수 있는 효과도 다릅니다.

- **애착**이 가서 사고 싶다 [LOVE & BOOST]
- **스트레스 프리(편하다)**라서 사고 싶다 [LOVE & KEEP]
- **납득**해서 사고 싶다 [REASON & BOOST]
- **자신감**이 생겨서 사고 싶다 [REASON & KEEP]

구매욕을 자극하는 20개의 트리거 중 하나만 잘 이용해도 효과가 있는데, 2개 이상을 활용하면 어떻게 될까? 하쿠호도쇼핑연구소의 멤버들이 총출동해서 연구하고 검증했습니다.

2개 이상의 트리거를 효과적으로 활용할 수 있는 150개 사례를 분석하여 법칙성을 탐구한 결과, 2개의 구매욕 트리거를 동시에 자극하면 각각 단독으로는 만들어내지 못하는 새로운 효과가 창출되어, 구매로 이어지는 추진력이 커진다는 사실을 알았습니다.

지금부터는 다음과 같이 말을 바꿔서, 2개의 트리거 결합에 대해 좀 더 자세히 설명하겠습니다.

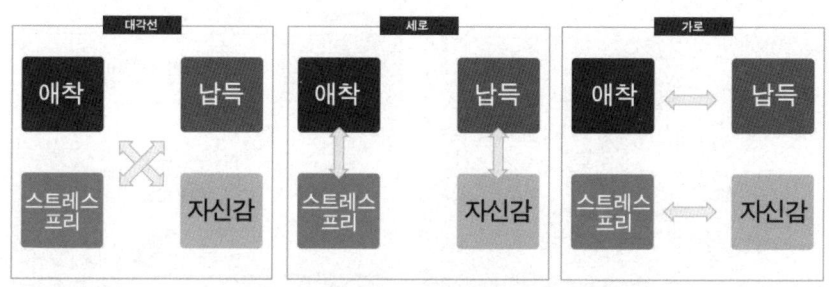

세로·가로·대각선의 조합 패턴

[LOVE & BOOST] = [애착]

[LOVE & KEEP] = [스트레스 프리]

[REASON & BOOST] = [납득]

[REASON & KEEP] = [자신감]

키워드는 '세로·가로·대각선'입니다.

대각선 관계 ①
LOVE·CROSS가 창출한 '베스트 솔루션'

가장 먼저 소개하는 것은 [애착]과 [자신감]을 결합한 'LOVE·CROSS'입니다. [LOVE & BOOST] 계통의 트리거에는 "애착이 가서 사고 싶다"는 효과가 있고, [REASON & KEEP] 계통의 트리거에는 "자신감이 생겨서 사고 싶다"는 효과가 있습니다.

이 두 가지 패턴을 결합하면 시너지 효과가 생겨서 '베스트 솔루션'을 얻을 수 있습니다.

LOVE·CROSS 패턴에서 소비자는 "애착만으로 선택하기는 불안하지만 충분한

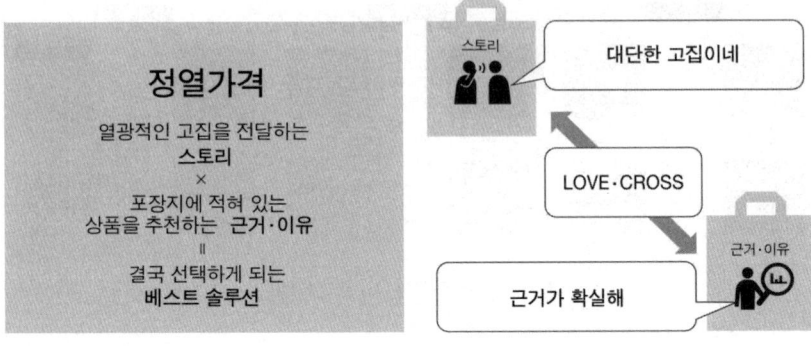

정보가 있다면 자신감을 갖고 구매할 수 있다"고 생각합니다. 덕분에 안심하고 '첫눈에 반한 것처럼' 상품을 선택할 수 있습니다. 이 방법은 식품이나 가전제품 등 다양한 상품에 적용 가능합니다.

LOVE·CROSS 패턴의 성공 사례로는, '스토리' 트리거에서 설명한 '놀라운 가격의 전당 돈키호테'가 제공하는 자체 브랜드 '정열가격'이 있습니다.

예를 들어 '무염 볶은 믹스넛츠 DX'에는 넛츠를 너무나 사랑한 담당자가 정한 아몬드, 캐슈넛, 호두의 황금 비율 '스토리'가 있습니다.

더 나아가 고집을 강요하는 것이 아니라 상품을 추천하는 근거가 '매출액' 형태로 포장지에 적혀 있어 '근거·이유'를 설명합니다.

결과적으로 식품 진열대에서 '특별함'을 느끼고 구매로 이어지는, 첫눈에 반한 것처럼 무심코 선택하게 되는 효과를 만들어 냈습니다.

대각선 관계 ②
REASON·CROSS가 창출한 '개척정신'

다음은 [납득]과 [스트레스 프리]를 결합한 'REASON·CROSS'에 대해 설명하겠습니다. [REASON & BOOST]는 "납득해서 사고 싶다", [LOVE & KEEP]은 "스트레스가 없고 편해서 사고 싶다"는 효과가 있습니다. 이것을 결합하면 '개척정신'이 생겨서 새로운 카테고리에 도전하기 쉬워집니다.

REASON·CROSS 패턴은 소비자 관점에서, "**충분히 납득한 후 스트레스 없이 쇼핑할 수 있다**"는 장점이 있습니다. 잘 알지 못하는 카테고리일지라도 납득할 만한 이유가 명확하고, 구매 장벽이 없으면 망설이지 않습니다. 새로운 카테고리에 대한 개척정신을 불러일으킵니다.

"이 정도면 괜찮겠다"라고 안심하기 때문에 고민 없이 단시간 내에 선택할 수 있고, 한번 납득하면 편하게 쇼핑할 수 있어서 재구매 효과가 있습니다. 효과나 효능에 확실한 차이가 있고, 신상품이 많이 출시되는 생활필수품이나 헬스케어 분야에서 특히 효과적입니다.

REASON·CROSS 패턴의 성공 사례로는, '손실 회피' 트리거에서 소개한 닛

칸젠메시
기존 브랜드 파워로 새 장르의 상품에 대한 진입 장벽을 없애는 손실 회피
×
인스턴트 식품인데도 영양 균형이 좋다는 세렌디피티
=
새로운 것에 대한 개척정신

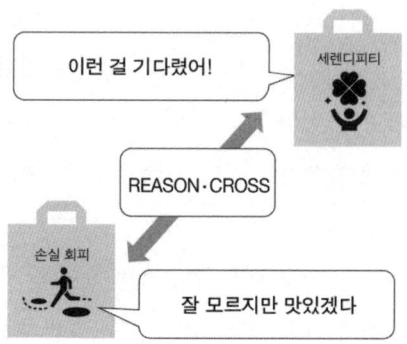

신식품의 '칸젠메시'가 있습니다. '닛신 카레 메시' 등 기존 브랜드 파워를 이용해서 새로운 장르의 상품에 대한 접근성을 높였습니다. 영양 균형이 잡힌 상품이면서 맛까지 보장한다는 점은, '손실 회피' 트리거에서 이미 소개한 바 있습니다.

게다가 "즉석식품인 데도 영양 균형이 좋은, 바로 이런 제품을 기다리고 있었다"는 뜻밖의 발견, 세렌디피티가 있습니다.

맛을 보장할 뿐 아니라, 조리가 간편한 즉석식품이면서 영양 균형까지 완벽하다는 '딜레마 해소'가 함께 작용하면서, 새로운 상품에 도전하고 싶은 마음을 성공적으로 이끌어 냈습니다.

세로의 관계 ①
DOUBLE·LOVE가 창출한 '친밀감'

세 번째는 [애착]과 [스트레스 프리]라는 2개의 LOVE를 더한 'DOUBLE·LOVE'입니다. [LOVE & BOOST] 계통은 "애착이 가서 사고 싶다", [LOVE & KEEP] 계통은 "스트레스가 없고 편해서 사고 싶다"는 심리 상태를 만들어내는 효과가 있습니다. 이 둘을 결합하면 시너지 효과로 '친밀감'이 생깁니다.

DOUBLE·LOVE 패턴은 소비자 입장에서 "**애착이 가고, 부담 없이 편하게 쇼핑할 수 있다**"는 장점이 있습니다. 구매욕을 높이는 동시에 유지하는 양쪽 측면에서 감정에 깊이 공감하기 때문에, "왠지 이게 마음에 든다"는 느낌으로 선택합니다.

두 가지 중 어느 쪽을 선택해야 할지 고민될 때, "이미지가 좋으니까 이걸로 하겠다"라고 생각하게 만드는 효과가 있습니다.

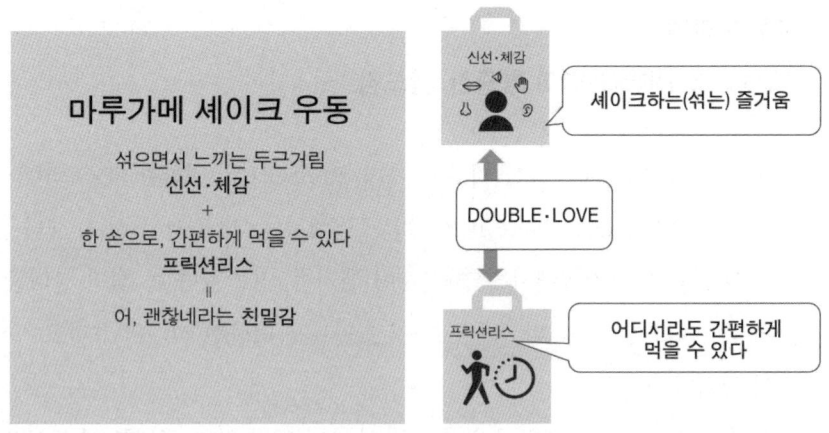

조금 망설여지더라도 부담 없이 쉽게 구매할 수 있다는 점에서, 식품이나 외식, 화장품처럼 구매 빈도가 비교적 높은 카테고리에 적합합니다. 소비자가 상품이나 서비스의 질을 판단하기 쉬운 분야에서 특히 효과적입니다.

DOUBLE·LOVE 패턴의 성공 사례로는, '신선·체감' 트리거에서 설명한 마루가메 제면의 '마루가메 셰이크 우동'이 있습니다. 마루가메 제면이 '테이크아웃의 새로운 체험'으로 출시한 마루가메 셰이크 우동에는 '신선함을 직접 전달'하는 동시에 셰이크(흔들기)하는 동작을 통해, '오감으로 활기를 느낄 수 있는' 장치가 있습니다.

게다가 한 손으로 들 수 있는 용기 덕분에 차량 안에서도 간편하게 먹을 수 있어 드라이브스루 매장에서도 인기를 끄는 등, '프릭션리스'를 의식하고 있습니다.

'신선·체감' 때문에 구매욕이 생길 뿐 아니라, 먹는 장소를 고민해야 하는 부담이 없으므로 소비자는 다양한 곳에서 선택할 수 있습니다.

세로의 관계 ②
DOUBLE·REASON이 창출한 '안도감'

네 번째는 [납득]과 [자신감] 두 가지 REASON을 결합한 'DOUBLE· REASON'입니다. [REASON & BOOST] 계열에서는 "납득해서 사고 싶다", [REASON & KEEP] 계열에서는 "자신감이 생겨서 사고 싶다"는 심리 상태를 만들어내는 효과가 있습니다. 이 두 가지 포인트를 더하면 시너지 효과로 '안도감'이 생깁니다.

DOUBLE·REASON 패턴은 소비자 입장에서 "**납득이 되고, 구매할 때 자신감을 가질 수 있다**"는 장점이 있습니다. 구매욕을 높이는 동시에 유지하는 양 측면에서 이성적으로 설득하기 때문에 '돌다리도 두들겨 보고 건넌다'는 마음이 생깁니다. 그래서 안심하고 구매로 이어집니다.

이 정도면 괜찮다고 확신할 수 있기 때문에, 평소에 선택하지 않는 것에도 도전할 수 있습니다. "안심하기 때문에 계속 구매하고 싶다"는 생각을 불러일으킵니다. 가구나 가전제품처럼 스스로 선택하는 데다 구매 빈도가 낮은 상품일수록 후회하고 싶지 않다는 마음이 강해져, 이 패턴이 효과를 발휘합니다.

DOUBLE·REASON 패턴의 성공 사례는, '한발 앞선 배려' 트리거에서 소개한 GiftX의 'GIFT FULL'이 있습니다. 이 서비스는, 선물을 받는 사람이 보다 만족스러운 상품을 받을 수 있도록, 받는 사람이 상품을 다시 고를 수 있는 특별한 기프트 서비스입니다. "상대가 만족하지 않으면 어떡하지?"라는 불안한 마음을 배려한 서비스입니다.

카탈로그 기프트(선물하는 사람이 카탈로그를 통해 상대방에게 선물을 보내고, 받는 사람이 그 안에서 원하는 물건을 직접 선택할 수 있는 선물 방식)나 현금을 건네는 것은 성의가 없어 보이니, 내가 직접 상품을 골라서 선물하고 싶다는 '선택

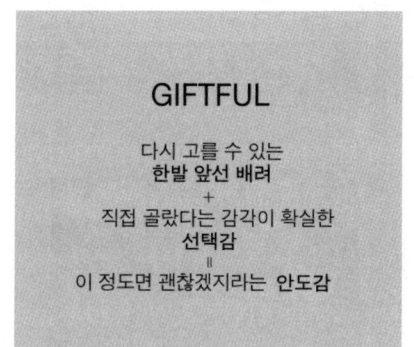 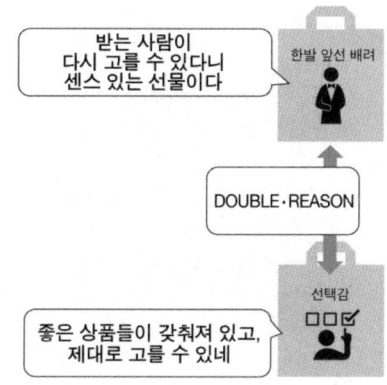

권' 트리거를 의식하고 있습니다.

모든 상품이 고품질로 구성되어 있어서 선택하는 재미도 충분합니다.

'한발 앞선 배려'가 있을 뿐 아니라, 직접 선택했다는 느낌도 받을 수 있기 때문에 소비자는 "이 정도면 괜찮겠다"고 안심하고 선물을 고를 수 있습니다.

가로의 관계 ①
DOUBLE·BOOST가 창출한 '결단력'

다섯 번째로는 [애착]과 [납득]을 가로로 결합한 'DOUBLE·BOOST를 소개합니다. [LOVE & BOOST] 계통은 "애착이 가서 사고 싶다", [REASON & BOOST] 계통은 "납득해서 사고 싶다"는 심리상태를 만드는 효과가 있습니다. 이 2개의 포인트를 결합하면 시너지 효과가 발생해서 '결단력'이 생깁니다.

DOUBLE·BOOST 패턴은 소비자 입장에서 "**애착이 가고, 납득할 만한 이유도 있어서 구매한다**"는 장점이 있습니다. 구매욕을 높이는 데 특화되어 있어서, 이

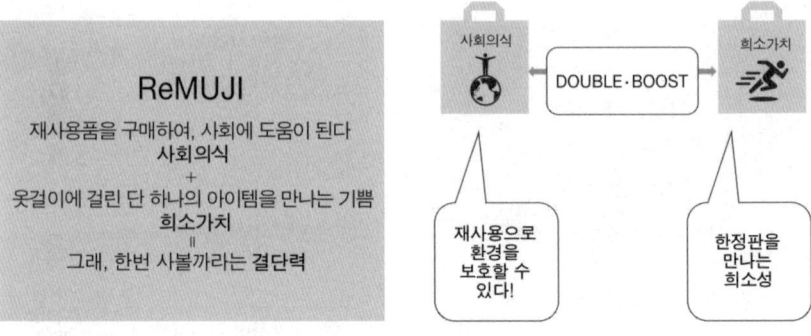

정도면 사야겠다는 결단력이 생깁니다. 이 패턴은 다양한 상품과 서비스에 활용 가능하며, 특히 살까 말까 고민될 때, 마지막 결정타를 날리는 부스터로서 효과를 발휘합니다.

DOUBLE·BOOST 패턴의 성공 사례로는 '사회의식' 트리거에서 설명한, 료힌게이카쿠의 'ReMUJI'가 있습니다. 무인양품은 소비자가 더 이상 입지 않는 무인양품 의류를 매장에서 회수해 재활용하거나 업사이클합니다. 염색하거나 세탁을 다시 하고, 헌 옷을 이어 붙여 리폼도 합니다. 매장에 따라서는 세상에 하나뿐인 상품을 고르기 쉽게 옷걸이에 걸어서 판매합니다.

환경에 좋은 일을 할 수 있을 뿐만 아니라, 한 점뿐인 상품을 만나는 희소가치를 느낄 수 있습니다. 그래서 소비자는 평소에 잘 사지 않는 재사용 제품이라도 "그래, 한번 사볼까" 하고 한 걸음 다가갑니다.

가로의 관계 ②
DOUBLE·KEEP이 창출한 '지속성'

끝으로 [스트레스 프리]와 [자신감]을 결합한 'DOUBLE·KEEP'을 소개합니다. [LOVE & KEEP] 계통에서는 "스트레스가 없고 편해서 사고 싶다", [REASON & KEEP] 계통에서는 "자신감이 생겨서 사고 싶다"는 심리 상태를 만들어냅니다. 이 둘을 결합하면 시너지 효과로 '지속성'이 생깁니다.

DOUBLE·KEEP은 약 150개의 사례 중에서도 가장 적은 수의 조합 패턴입니다. 유지하는 것만으로는 구매욕을 자극하는 요소가 없어서 구매가 발생하기 어렵기 때문이라고 추측됩니다.

하지만 최근 증가하고 있는 서브스크립션(정기 구독) 소비에는 매우 적합한 패턴입니다. 소비자 입장에서 DOUBLE·KEEP은 **"스트레스 없이 구매할 수 있고, 구매에 자신감을 가지고 있는 상태'**입니다. 구독을 해지하는 이유를 줄이거나, 손해 봤다거나 자유롭게 이용하지 못한다는 등의 느낌을 철저하게 줄임으로써 정기 구독을 지속시킬 수 있습니다.

트리거를 결합하는 순서

2개의 트리거를 결합해서 발생하는 시너지 효과에 대해 이해했을 것입니다. 그렇다면 실제로 트리거를 결합하기 위해서는 어떤 절차가 있을까요.

핵심 키워드는 [Choose] → [Mix] → [Ideation]입니다.

세 단계를 의식하고 트리거를 결합하면 효과적으로 활용할 수 있습니다.

[Choose] 메인 트리거를 정한다.
⬇
[Mix] 결합할 상대를 정한다.
⬇
[Ideation] 조합을 바탕으로 아이디어를 떠올린다.

[Choose]

먼저 어떤 트리거를 활용할 것인가. 첫 번째 트리거를 정합니다. 결정을 내릴 때는 상품 아이템이나 판매 채널(매장)과 궁합이 좋은 구매욕 트리거부터 선택하는 것이 지름길입니다. 225쪽의 표는 상품이나 채널과 잘 맞는 트리거를 한눈에 볼 수 있도록 정리한 것입니다.

각각의 트리거를 소개하는 첫 페이지에서 '궁합이 잘 맞는 카테고리'는 이 표를 바탕으로 작성했습니다.

궁합이 잘 맞는 정도는 대규모 웹 설문조사 결과를 기반으로 산출했으며, 각 카테고리별 상위 7개의 트리거를 올렸습니다. 예를 들어 식품·음료 분야에서는 '신선·체감'이 중요하고, 온라인 쇼핑몰에서는 '손실 회피'가 가장 높은 위치에 있습니다.

순위에 든 항목들 중에서 의외의 트리거를 선택해, 경쟁에서 우위를 노릴 수도 있습니다.

예를 들어 성분량이나 안전성이 가장 중요한 의약품 카테고리에서 의외의 트리거는, '학습 의욕'입니다. 배움이 있는 메시지를 통해 호기심을 자극할 수 있습니다. 또한 사이즈나 디자인이 중요한 가구 카테고리에서는 '일탈 충격'이 의외의 트리거입니다.

단순히 스펙뿐만 아니라, 흥미로운 요소와 함께 상품이 진열되어 있으면 구

온라인 쇼핑몰	슈퍼마켓	드러그 스토어	편의점	전문점·백화점	식품·음료
손실 회피	신선·체감	동료의식	편애성	신선·체감	신선·체감
선택권	사회의식	과정 만족	신선·체감	스토리	한발 앞선 배려
신뢰감	한발 앞선 배려	대세 편승	사회의식	사회의식	사회의식
근거·이유	편애성	학습 의욕	한발 앞선 배려	커스터마이제이션	희소가치
프릭션리스	희소가치	한발 앞선 배려	대세 편승	일탈 충격	마이페이스
커스터마이제이션	과정 만족	편애성	과정 만족	세렌디피티	손실 회피
희소가치	스토리	희소가치	세렌디피티	선택권	프릭션리스

생활필수품·욕실용품	미용 관련·화장품	의약품·영양제	가전·전자제품	가구·인테리어	취미와 관련된 상품
사회의식	동료의식	근거·이유	근거·이유	일탈 충격	편애성
한발 앞선 배려	대세 편승	학습 의욕	손실 회피	커스터마이제이션	선택권
편애성	자기 계발	신뢰감	선택권	동료의식	커스터마이제이션
신선·체감	일탈 충격	프릭션리스	학습 의욕	스토리	신뢰감
자기 계발	희소가치	선택권	신뢰감	선택권	손실 회피
세렌디피티	마이페이스	세렌디피티	세렌디피티	과정 만족	동료의식
마이페이스	신뢰감	자기 계발	일탈 충격	근거·이유	희소가치

매 욕구가 높아집니다. 랭킹은 전형적인 트리거뿐만 아니라 예상 밖의 포인트, 그리고 다양한 종류로 구성되어 있습니다. 랭킹 상위에 있는 것부터 우선 하나를 선택해봅시다.

[Mix]

다음은 결합할 트리거를 생각합니다. 결합을 통해 창출되는 여섯 가지 효과('베스트 솔루션', '개척정신', '친밀감', '안도감', '결단력', '지속성') 중에서 어떤 효과를 노릴 것인지 먼저 결정하는 것이 좋습니다. 상품 아이템이나 채널이 안고 있는 현재의 문제점을 가지고 쇼핑 시나리오를 구상하고, 적절한 결합을 선택합시다.

[Ideation]

마지막으로 선택한 2개의 트리거를 중심으로 아이디어를 확장해 나갑니다. 아이디어를 구상할 때는, 각 장에서 소개한 트리거의 내용이나 힌트를 활용하면 더 쉽게 아이디어를 도출할 수 있습니다. 혼자서 고민하는 것도 좋지만 동료 등 주변 사람들과 같이 생각해보는 것도 좋은 방법입니다.

마지막으로 결합을 통한 아이디어를 몇 가지 소개합니다. 2개의 과제를 읽고, 결합 단계를 시뮬레이션으로 가상 체험을 해보겠습니다.

[과제 1] 온라인 쇼핑몰에서, 고가인 캐시미어 100% 스웨터의 매출을 올리고 싶다

[Choose]

'캐시미어 100%'라는 수치는 품질의 우수성과 높은 가격의 근거가 됩니다.

여기서는 채널 '온라인 쇼핑몰'과 궁합이 잘 맞는 트리거 중에서 '근거·이유 (REASON & KEEP)'를 선택합니다.

[Mix]

여기서는 '베스트 솔루션'을 이끌어내는 조합 방식을 시도해봅니다. LOVE & BOOST 트리거 중 '자기 계발'을 선택했습니다. 조금 부담되는 가격이지만, 이 옷을 입음으로써 자신감이 생기고 마음가짐이 달라지는 상황을 제시하기 위해서입니다.

결과적으로 다음과 같은 감정을 유도할 수 있습니다. "가격은 비싸지만 오래 입을 수 있으니 가성비가 나쁘지 않다. 무엇보다 이 옷을 입으면 나의 미래가 멋지게 변할 것 같다! 그래서 사고 싶다!"라는 마음을 자극할 수 있을 것 같습니다.

[과제 2] 온라인 쇼핑몰에서 어린이용 밀키트의 매출을 올리고 싶다

다음은 '안심하는 마음'을 유도하는 것으로 구매욕을 자극하는 한 예를 소개합니다.

[Choose]

밀키트 전문 온라인 쇼핑몰이므로 '전문점'이라는 채널과 궁합이 잘 맞는 트리거에서 '커스터마이제이션(REASON & BOOST)'을 선택했습니다. 가족 구성이나 생활 방식에 맞춰 밀키트를 커스터마이징할 수 있다는 점을 강조합니다.

[Mix]

조합을 통해 '안도감'을 만들어내는 REASON & KEEP에서 '신뢰감'을 선택했습니다. 어린아이에게 안심하고 먹일 수 있다는 신뢰를, 영양학 전문가의 도움을 받아 강조합니다.

결과적으로 "이 밀키트는 우리 집에 딱 맞아서 효율적이다. 어린아이들의 영양 균형도 완벽하니 걱정할 일이 하나도 없다. 그래서 구매하고 싶다"는 마음을 끌어낼 수 있습니다.

결합 과정의 시뮬레이션

당신은 음료 제조사의 논알코올 음료 마케팅 담당자입니다. "논알코올 음료의 새로운 프로모션 아이디어를 기획"하라는 미션을 받았습니다. 이제부터 결합 과정을 시뮬레이션해 보겠습니다.

[Choose]

'식품·음료'와 궁합이 잘 맞는 구매욕 트리거 중 '한발 앞선 배려'를 선택했다고 가정합니다.

이 트리거는 **"가려운 곳을 긁어주듯, 꼭 필요한 부분을 미리 챙기는 세심한 배려에 기분이 좋아져서 구매욕을 자극한다"**는 특징이 있습니다. 논알코올 음료에서 실현할 수 있는 배려를 생각해봅니다.

앞서 136쪽에서 **'딜레마 해결 구조'**가 한발 앞선 배려 트리거를 자극한다고 소개했습니다. 논알코올 음료로 기존의 가치관을 뒤집는 아이디어를 생각합니다.

여기서 떠오른 것은 "임신·수유 중인 여성은 술을 마시고 싶어도 마실 수 없다"는 딜레마입니다. 하지만 "논알코올 음료라면 안심하고 술자리를 즐길 수 있다"는 새로운 가치를 제공할 수 있지 않을까요?

구체적인 판촉 아이디어로 '논알코올 한 잔 세트'를 구상하고, 다음과 같은 방안을 생각해 보았습니다.

- 임신·수유 중인 여성은 카페인도 삼가야 하므로, 디카페인이나 카페인 프리 음료와 조합한다.
- 최근 논알코올 음료는 종류가 다양해, 평소 술을 잘 마시지 않는 사람에게도 매력적이다.
- '하루를 마무리하는 릴랙스 타임'을 제안한다.
- 안주를 함께 동봉해서 '논알코올 한 잔 세트'로 판매.
- 패키지를 귀엽게 꾸미고, 즐길 수 있는 방법의 소개글을 담아서 특별함을 연출.

이렇게 '한발 앞선 배려' 트리거를 살리면서, 소비자의 딜레마를 해결하는 것으로 새로운 구매 욕구를 이끌어낼 수 있습니다.

[Mix]

다음은 '결합'을 통한 새로운 부가가치를 생각해봅니다.
트리거를 결합해서 다음과 같은 여섯 가지 효과를 창출할 수 있습니다.

- 베스트 솔루션
- 개척정신
- 친밀감
- 안도감
- 결단력
- 지속성

이번에는 **결단력**을 높이는 조합을 선택하겠습니다. 지금까지 구매해본 적이 없는 상품이라도 "이거다!"라고 생각하게 만드는 임팩트를 주기 위해서입니다.
이를 위해 **결단력**을 강화하는 LOVE & BOOST의 요소와 결합합니다.
LOVE & BOOST에서 '사회의식' 트리거를 활용해, 추가할 수 있는 경험 요소를 고민해봅니다. 사회 공헌이나 누군가에게 도움이 되는 구조를 도입함으로써, 구매를 촉진하고 새로운 가치를 창출할 수 있습니다.

[Ideation]
'사회의식'이란 "타인에게나 사회에도 좋은 일을 할 수 있기 때문에 구매하고 싶다"는 트리거입니다. 이 관점을 도입해서 구매가 육아 지원으로 연결되는 구조를 생각해봅니다.
예를 들어 '논알코올 한 잔 세트'를 구매할 때, 육아 환경 개선을 목표로 하는 사업에 기부할 수 있는 시스템을 도입합니다. 여기서 포인트는 '어린이'입니다. 구체적으로는 다음과 같은 지원을 생각할 수 있습니다.

- 어린이 놀이터를 포함한 공원의 활용과 정비를 추진하는 단체(놀이터 환경 개선).

- 어린이에게 스포츠의 즐거움을 알리는 단체(운동 기회 제공).
- 그림책·음악·연극 등 문화 활동을 지원하는 단체(감성 및 발달을 키우는 기회 창출).

이렇게 '한발 앞선 배려'와 '사회의식' 트리거를 결합해서, 이제까지 구매해 본 적이 없는 상품이라도 사고 싶어지는 '결단력'의 판촉 기획 아이디어를 내놓을 수 있습니다.

구매욕 트리거의 장래 비전, 3개 이상의 트리거를 활용할 수 있을까?

2개의 트리거를 결합한 응용편이 도움이 되었나요. 이런 조합은 시너지 효과를 창출하므로 문제 해결의 실마리로 활용할 수 있습니다.

소비자의 구매 욕구는 시대와 함께 변화합니다. 앞으로도 소비자가 쇼핑에서 기대하는 요소는 끊임없이 달라질 것입니다. 과거 데이터를 조사한 결과, 3개 또는 4개의 트리거를 동시에 활용해서 성공한 사례는 거의 없습니다.

그렇지만 많지 않은 사례 가운데 매우 높은 효과를 발휘하여 경쟁 우위를 확고히 한 경우도 있습니다. 현시점에서는 아직 명확한 법칙이 정립되었다고 할 수 없지만, 앞으로 3개 이상의 트리거를 조합하는 활용법이 정착될 가능성도 충분합니다.

하쿠호도쇼핑연구소는 앞으로도 새로운 트리거의 발견과 그 활용법에 대해서 지속적으로 연구를 이어나갈 것입니다.

마치며

'쇼핑=소유욕+구매욕'—이것은 2007년 하쿠호도쇼핑연구소에서 개발한 독특한 방정식입니다.

당시 소비자 인터뷰를 통해, 우리는 쇼핑의 실태가 변화하고 있음을 알았습니다. 그리고 그 배경에는 "단순히 갖고 싶은 물건에 대한 욕구가 아니라 뭔가 새로운 욕구가 대두되고 있는데, 과연 그것이 무엇일까"라는 의문을 가졌습니다. 그리고 찾아낸 것이 쇼핑 자체의 체험을 즐기고 싶다는 '구매욕'의 존재입니다.

20주년을 맞은 하쿠호도쇼핑연구소는 프로젝트의 일환으로 '구매욕'의 업데이트에 착수했습니다.

연구 성과로서, 현시대의 '구매욕을 자극하는 20개의 트리거'를 발견했고, 이 책을 출간하기에 이르렀습니다. 지금까지 연구를 지원해준 쇼핑연구소의 선배들께 진심으로 감사드립니다.

이 책에서는 각 트리거를 실제 기업의 성공 사례와 함께 소개하는데, 이 부분을 매우 중요하게 생각합니다. 소비자의 니즈나 마음은 이해하고 있지만 실제로 자사에 어떻게 적용해야 할지 모르겠다는 의문을 가진 독자들께 도움이 되리라 확신하기 때문입니다.

"우리 회사에서는 어떻게 활용하면 좋을까?"라는 질문에 대한 힌트로서, 이 책이 조금이나마 도움이 되기를 진심으로 바랍니다.

구매욕에 대한 연구를 이해하고, 사례를 싣거나 인터뷰에 협조해준 기업 및 단체 관계자 분들께 감사드립니다.

(게재순) 주식회사 산리오(株式会社サンリオ), 주식회사 팬 퍼시픽 인터내셔널 홀딩스(パン・パシフィック・インターナショナルホールディングス), 주식회사 닷미(株式会社ドットミー), 주식회사 긴비스(株式会社ギンビス), 몬델레즈 재팬 주식회사(モンデリーズ・ジャパン株式会社), 주식회사 료힌케이카쿠(株式会社良品計画), 주식회사 토리돌 홀딩스(株式会社トリドールホールディングス), 주식회사 CRISP(株式会社CRISP), 도큐 부동산 주식회사(東急不動産株式会社), 주식회사 구루나비(株式会社ぐるなび), 주식회사 GiftX(株式会社GiftX), 주식회사 인터메스틱(株式会社インターメスティック), 특정비영리활동법인서점대상실행위원회(特定非営利活動法人本屋大賞実行委員会), RIZAP 주식회사(RIZAP株式会社), 주식회사 다이소(株式会社大創産業), 닛신식품 주식회사(日清食品株式会社), 주식회사 신유샤(株式会社晋遊舎), 주식회사 전통디자인공방(株式会社伝統デザイン工房)

아울러 기업 및 단체 관계자 분들을 소개해준 하쿠호도 그룹의 여러분께도 깊은 감사의 말씀을 드립니다.

많은 분들의 도움 덕분에 상품, 서비스, 콘텐츠, 미디어 등 다양한 업종을 아우르는 사례와 함께, 장기 판매 상품, 리브랜딩, 신상품 및 신규 서비스와 같은 브랜드 상황에 맞는 활동, 그리고 오프라인 및 온라인 전략 등 여러 관점의 사례를 소개할 수 있었습니다.

이러한 다양성은 쇼핑에서 매우 중요한 의미를 지닙니다. '쇼핑연구소'라고 하면 오프라인 매장의 쇼핑만 연구하는 곳으로 생각하기 쉽지만, 최근의 쇼핑은 매우 다양합니다. 기술이 발전하면서, 일상생활 속 모든 접점이 구매 경로가 되는 환경이 조성되었습니다.

이를 '커머스 애니웨어(Commerce Anywhere)'라고 부릅니다. 쇼핑연구소는 이런 '커머스 애니웨어' 환경을 기반으로, 소비자들이 무엇에 관심을 갖고, 어디서 어떤 정보를 얻으며, 어떤 매장에서 구매하는지에 대한 전체적인 그림을 파악함으로써 기업의 마케팅 활동에 도움이 되는 연구를 지속하고 싶습니다.

최근에는 AI의 등장이 소비자의 구매 행동에 놀라운 변화를 가져오고 있습니다. 앞으로도 이러한 변화를 꾸준히 전달하고자 합니다.

저서를 대표하여
하쿠호도쇼핑연구소 다루미 유키

지은이

하쿠호도쇼핑연구소(博報堂買物研究所)

2003년 설립. '구매'를 중심으로 20년에 걸쳐 쇼퍼 마케팅(Shopper Marketing, 소비자가 구매 결정을 내리기까지의 전 과정에 집중하는 마케팅 전략) 영역에서 연구 개발, 정보 제공, 솔루션을 제공해 오고 있다. 쇼핑연구소는 "기업의 '판매'를 '구매'의 관점에서 생각한다"는 철학을 갖고 있다. 쇼핑 현장의 진실에 주목하고, 고객의 본심과 구매의 핵심인 '쇼핑 인사이트(소비자가 어떤 심리, 욕구, 상황에서 제품을 구매하게 되는지에 대한 깊은 통찰)'를 출발점으로, 구매욕을 충족시키는 '쇼핑 시나리오'를 창조하며 새로운 쇼핑을 만들어 내는 솔루션을 제안하고 실행한다.

다루미 유키(垂水 友紀)

하쿠호도쇼핑연구소 소장

2016년 하쿠호도에 경력직으로 입사. 화장품, 생활용품, 음료, 건강식품 등 소비재(일반 소비자가 직접 구매해서 사용하는 상품)의 마케팅 전략, 제품 개발, 서비스 개발 등을 담당해 왔다. 2022년부터 현 직책을 맡고 있으며 '쇼핑 인사이트'를 출발점으로 새로운 쇼핑을 창출하는 솔루션을 제안하고 실행하는 실천적인 연구소를 운영 중이다.

이지마 다쿠미(飯島 拓海)

하쿠호도쇼핑연구소 연구원

와세다대학교 대학원 문학연구과 심리학 코스 석사과정 수료. 2022년 하쿠호도에 경력직으로 입사. 쇼핑연구소에서 '구매욕 마케팅', '신 구매 행동 모델 DREAM', '물가 상승 속 절약 의식', '퍼포스와 쇼핑' 등 다양한 주제에 대한 조사 연구와 정보 발신을 담당하고 있다.

다키모토 아키히로(瀧本 晃裕)

하쿠호도쇼핑연구소 연구원

와세다대학교 대학원 창조이공학연구과 건축학 전공 석사과정 수료. 2017년 하쿠호도 입사. 자동차 제조사 및 판매점, 음료, 식품, 생활필수품, 인프라, 보험 대리업, 공공기관 등 다양한 분야에서 마케팅 전략 및 브랜드 전략 수립에 종사해 왔다. 2022년부터 쇼핑연구소에서 쇼퍼 인사이트 연구 및 솔루션 개발을 담당하고 있으며, 'Z세대×뉴커머스 조사', '플렉서블 쇼퍼 클러스터' 등 변화하는 쇼핑 환경과 쇼핑객에 대한 통찰을 바탕으로 바람직한 쇼핑 경험의 기획을 수행하고 있다.

옮긴이

(주)애드리치 마케팅전략연구소

시장과 소비자에 대한 철저한 분석과 다양한 사례 연구를 통해 기업이 당면한 과제에 대한 마케팅 솔루션을 제공하고 있다. 특히 미국, 일본 시장의 전문가를 중심으로 실전 경험이 풍부한 우수한 플래너들이 국내뿐만 아니라 글로벌 마케팅 전략과 방법론을 제시한다. 급변하는 시장 환경에 맞춰 유연성을 가진 마케팅 실행 시스템을 개발하고 있으며, 소비자와 사회 트렌드를 지속적으로 주시하면서 성향 분석과 잠재 니즈 개발에 힘쓰고 있다.
_www.adrich.co.kr

"사고 싶다"를 만드는 20가지 마케팅 기술
잘 팔리는 제품에는 공통된 전략이 있다

지은이 **하쿠호도쇼핑연구소** | 옮긴이 **(주)애드리치 마케팅전략연구소**
펴낸이 **김종수** | 펴낸곳 **한울엠플러스(주)** | 편집 **배소영**

초판 1쇄 인쇄 2025년 10월 23일 | 초판 1쇄 발행 2025년 10월 30일

주소 10881 경기도 파주시 광인사길 153 한울시소빌딩 3층
전화 031-955-0655 | 팩스 031-955-0656 | 홈페이지 www.hanulmplus.kr
등록번호 제406-2015-000143호

Printed in Korea.
ISBN 978-89-460-8404-9 03320

* 가격은 겉표지에 표시되어 있습니다.

Z세대의 소비경제학

- 히로세 료 지음 | (주)애드리치 마케팅전략연구소 옮김
- 2024년 11월 14일 발행 | 국판 | 192면

Z세대는 왜 타이퍼, 코스퍼를 중시할까?

타이퍼(타임＋퍼포먼스의 일본식 합성어), 코스퍼(코스트＋퍼포먼스의 일본식 합성어)는 효율성을 각별하게 추구하는 젊은 세대의 소비 행동을 반영하는 용어이다.

코스퍼와 타이퍼라는 개념은 효용의 최대화를 위하여 소비의 최적해를 검토한다는 점에서는 유사하지만, 그 목적은 크게 다르다. 코스퍼의 관점에서는 '돈이 없으니 싼 물건을 찾는다'. 한편 타이퍼의 관점에서는 '시간이 없으니 시간이 별로 들지 않는 것을 추구한다'.

저자는 이 책에서 타이퍼의 정의 내리기를 최우선 과제로 삼았고, 타이퍼가 추구되는 목적을 소비문화의 관점에서 고찰했다. '합리성' 이외의 목적을 가진 타이퍼가 존재하며, 우리는 무의식적으로 그것을 추구한다.

수익 다양화 전략
이익이 나지 않는 시대에 이익을 만드는 방법

- 가와카미 마사나오 지음 ｜ (주)애드리치 마케팅전략연구소 옮김
- 2022년 11월 1일 발행 ｜ 국판 ｜ 280면

가치창조와 이익혁신이 기업을 먹여살린다
비즈니스 혁신을 실현하는 '30가지 가치획득' 사례와 '8가지 이익화 로직'

국제적인 경기 침체는 현재 진행 중이다. 기존의 비즈니스 모델로는 성장성과 지속 가능성을 기약하기 어려워졌고, 이에 기업들은 미래를 위해 꾸준히 이익혁신을 이루어야 할 필요가 생겼다.

일본의 비즈니스 모델과 수익화 전략 분야의 전문가 가와카미 마사나오(川上昌直) 교수는 이익혁신과 관련해 30가지 가치획득 선례를 제시·분석하고, 더 많은 수익을 획득하기 위해 힘쓰는 기업들을 위해 자신이 고안해 낸 이익 혁신을 이루는 '이익 로직' 8가지를 제시한다.

어떤 기업이든 가치획득은 중요하다. 변화에 끝은 없다는 사실을 기억하고, 역동적인 비즈니스 모델을 설계해 가치를 창조해 내면 수익화 전략에 유리한 고지를 차지할 수 있을 것이다.